van Dannen · Jubel

Erste Auflage 1993

Satz u. Druck bei TRIGGER, Berlin
Titel: van Dannen
ISBN 3-929010-17-8

FUNNY VAN DANNEN

Jubel

des Lebens

Maas

DIE AUFKLÄRUNG

Eines Morgens stellte Karl Andechser fest, daß der Wunderbaum, Duftrichtung "Wilde Rose", der seit Monaten am Rückspiegel seines Autos baumelte, nichts mehr von sich gab. Enttäuscht riß Karl das Bäumchen runter und schleuderte es durchs Seitenfenster auf die regennasse Fahrbahn.

Ein Kontaktbereichsbeamter, den seine Enkel Opi nannten, hatte das Drama von einem Tschibo-Depot aus beobachtet.

Hastig trank er seine Kaffeetasse leer, schob sich die letzte Ecke Hasenbrot in den Mund und eilte auf die Parkbucht zu.

Karl Andechser hatte den Blinker schon gesetzt, als er den gestikulierenden Beamten sah.

Er stellte den Motor seines Wagens ab und öffnete die Tür. Dadurch behinderte er eine von hinten kommende Radfahrerin.

Die junge Frau mußte ausweichen und war von Karl's Unaufmerksamkeit derart angewidert, daß sie sich, ohne die Fahrt zu unterbechen, kurz und kräftig übergab.

Der Kontaktbereichsbeamte, den ich der Einfachheit halber, wie seine Enkel, Opi nenne, machte Karl auf sein Fehlverhalten aufmerksam.

"Ja", sagte Karl. "Das mit der Radfahrerin sehe ich ein. Aber die Sache mit dem Wunderbaum? Hätte ich ihn vielleicht aufheben sollen, oder den Sondermüllmann alarmieren?"

"Genau!" sagte Opi. "Der Sondermüllmann weiß wohin die Wunderbäume gehören, wenn sie nicht mehr duften."

"Wohin denn?" fragte Karl Andechser.

"In den stillgelegten WEIHNACHTSSTOLLEN bei KLEIN-GESCHENKIDEE."

"KLEIN-GESCHENKIDEE?" fragte Karl. "Wo liegt denn das?"

"An der A 12", sagte Opi. "Sie nehmen die Abfahrt GABENTISCH und biegen an der ersten Ampel Richtung ADVENTSKALENDER ab, dann drei Kilometer geradeaus, dann sehn sie schon die Hinweistafel."

"Gut", sagte Karl, "kann ich mir merken. Beim nächsten Mal bring ich den Wunderbaum direkt dorthin."

"Schön", sagte Opi. "Dadurch wird der Sondermüllmann entlastet und kann sich voll auf die eklige Radfahrerkotze konzentrieren, die uns ja in letzter Zeit regelrecht überflutet."

"Ja", sagte Karl. "Das ist ein schlimmes Phänomen. Aber eine Frage beschäftigt mich seit Tagen: Wieso ist Radfahrerkotze Sondermüll. Ist sie denn nicht biologisch abbaubar?"

Opi lachte: "Natürlich ist sie das, Sie Intellektueller! Aber sie hat nun mal keinen grünen Punkt! Sie kommt flächendeckend vor und steht verkehrstechnisch dem Glatteis an Gefährlichkeit kaum nach. Und an besonders heißen Tagen lähmt der Geruch ganze Bevölkerungsteile. Wenn das kein Fall für den Sondermüllmann ist, will ich nicht mehr leben."

"Ich auch nicht!" rief Karl und startete sein Auto. "Und vielen Dank für die Aufklärung!"

"Nichts zu danken", rief Opi. "Umwelterziehung gehört zu meinem Aufgabengebiet."

Doch das hörte Karl Andechser schon nicht mehr. Er mußte sich auf den Verkehrsfluß konzentrieren.

Die letzte Praline

Die Hausfrau Else Schtreng hatte beim Spargelputzen zufällig die Luke zum Nirvana aufgestoßen und sie vor Schreck gleich wieder zugeknallt.

Kreidebleich ging sie ins Wohnzimmer, setzte sich in den Fernsehsessel und massierte ihre weichen Knie.

"Komisch", dachte sie. "Da passiert mir endlich mal was ungewöhnliches und ich verlier die Nerven."

Sie nahm die Fernsehzeitschrift zur Hand, um sich die Bilder anzusehen.

Da hörte sie ein leises Stöhnen.

Erst dachte sie, es sei ihr Mann, der vom Orgasmustraining kommend, im Flur verschnaufte.

Aber nein! Das Stöhnen kam ja aus der Küche.

Sie stand auf und ging der Sache auf den Grund. Es war der Hausmüll.

"Bring mich runter Else", bat er. "Ich halts hier nicht mehr aus."

"Der Eimer ist noch gar nicht voll", sagte Else. "Glaubst du, ich hab nichts besseres zu tun, als meinen Müll zu verwöhnen?"

"Ach Else", bat der Müll, "hau mich doch in die Tonne. Dann hast du drei Wünsche frei."

Else Schtreng mußte lachen.

"Willst du mir weismachen, du seist ein verwunschener Prinz?" spottete die Frau.

"Nein", sagte der Müll. "Ich bin kein Prinz."

"Na bitte", sagte Else und schlug den Deckel zu.

"Else!" rief der Müll. "Wenn du mich nicht runterbringst, kriegst du nie mehr Post von Horst."

"Hör auf, mir zu drohen", zischte die Hausfrau, "sonst zeig ich dich an wegen Hausfriedensbruch."

"Bitte", rief der Müll, "von mir aus! Dann wird die Presse sich endlich mal mit mir beschäftigen."

Else begriff, das sie gegen den Müll keine Chance hatte, nahm den Eimer und leerte ihn draußen aus.

Die Sonne hatte ihren höchsten Stand erreicht. Der Wind fuhr leicht und unbeteiligt durch die zierlichen Robinien, die Elses Garten schmückten und ihr wurde leicht ums Herz.

"Gut, daß ich an die frische Luft gegangen bin", dachte Else und lauschte dem Gesang ihres arbeitslosen Nachbarn, der seinen Taubenschlag sanierte.

Else lief ins Gartenhaus, legte ihre Beine hoch. Sie schloß die Augen und entspannte sich.

In diese Idylle dröhnte das Gebrüll ihres Mannes. Sie hörte die schnellen Schritte. Dann stand er, außer Atem, auch schon vor ihr.

"Was ist geschehen?" fragte die Hausfrau ruhig. Augenblicklich übertrug sich ihre Ruhe auf den fassungslosen Ehegatten.

Er flüsterte: "In unserer Garage steht ein fremdes Auto."

"Was für eins?" fragte Else.

"Ein abgeleckter Audi", sagte Hans.

Else verzog ihr heiteres Gesicht: "Ein abgeleckter Audi?"

"Ja", meinte Hans. "Ist das nicht widerlich?"

"Und ob", rief Else. "Wir müssen ihn sofort verkaufen."

"Was glaubst du denn, wer einen abgeleckten Audi kauft?" erwiderte ihr Mann.

"Dann verschenken wir ihn eben", sagte Else.

"Den will auch niemand geschenkt!" rief Hans.

"Psst!" flüsterte Else. "Sollen alle wissen, was los ist? Laß uns ins Haus gehen und weiterüberlegen."

Sie hakte Hans unter.

Drinnen angekommen, brachen beide in Tränen aus.

"Wir warten bis es dunkel ist", schluchzte Else. "Dann fahren wir ihn in die Stadt und lassen ihn einfach stehen."

"Bist du wahnsinnig!" schrie Hans. "Mit einem abgeleckten Audi in die Stadt, da bring ich lieber jemand um."

"Hans", rief Else. "Das ist ja die Idee. Wir bringen einen um, setzen ihn ins Auto und fahren in die Stadt."

"Wir zwei mit einem Toten in einem abgeleckten Audi in die Stadt?" rief Hans. "Dann hör ich lieber mit dem Rauchen auf".

"Hans", rief Else. "Das wird ja immer besser. Wir bringen einen um, setzen ihn ins Auto, fahren in die Stadt und du hörst mit dem Rauchen auf."

Hans ging in die Küche und holte sich ein Bier.
"Das wird nicht einfach", knüpfte er wieder an.
"Was ist schon einfach?" fragte die Hausfrau rhetorisch.
Hans steckte sich eine an und blies den Rauch unter den Tisch.
"Wen könnten wir denn umbringen?" grübelte er.
Else schwieg und trank ein Schlückchen Bier.
Es klingelte.

Die Hausfrau ging zur Tür und öffnete. Sie blickte auf den Wachturm in der Hand des blonden Zeugen und sprach: "Sie schickt der Himmel, junger Mann. Treten sie ein."

Kaum hatte der ahnungslose Besucher das Wohnzimmer der Eheleute Schtreng betreten, rempelte Else ihn so kräftig in den Rücken, daß er mit der Schläfe auf die Kante des Fließentisches schlug.

Er war sofort tot.

Hans, der auf Nummer sicher gehen wollte, warf sich mit dem Herzkissen auf den leblosen Körper, um ihn zu ersticken.

Dabei riß er die Bierflasche vom Tisch. Sie zerbrach und fügte Hans eine tiefe Schnittwunde am linken Bizeps zu.

"Los", rief Else. "Mach schnell!"
"Ich blute", sagte Hans.
Else gab ihm ein Tempo.

Im Schutz der Dunkelheit schleppten sie den Leichnam in die Garage und fuhren mit zwei Autos in die Stadt. Hans im eigenen und Else mit dem Toten im abgeleckten Audi. Den Audi parkten sie vor einem Pornoschuppen.

"Na bitte", sagte sie auf dem Nachhauseweg. "Ist doch prima gelaufen."

"Ja", sagte Hans. "Aber das Tempo ist durchgeweicht. Ich muß am nächsten Kiosk halten und zum Verbinden eine Illustrierte kaufen."

"Da ist schon einer", rief Else.
Hans sprang aus dem Auto und in den 24-Stunden-Shop.

Da hörte er die Stimme seiner Jugendliebe Karmen: "Eh, Hans! Was machst du denn hier?"

"Karmen", rief Hans. "So eine Überraschung! Ich dachte, du hast Biologie studiert?"

"Hab ich", sagte Karmen. "Aber nach dem Studium hab ich umgesattelt und..."

"Karmen", unterbrach sie Hans, "ich bin in Eile."

Er kritzelte ihr seine Adresse auf eine überregionale Tageszeitung, schnappte sich seine Illustrierte, legte einen Zehnmarkschein auf den Tresen.

"Stimmt so. Schau doch mal vorbei."

Im Auto wickelte er das bunte Blatt um seinen Oberarm und erzählte Else vom unverhofften Wiedersehen.

"Sie hat sich kaum verändert", sagte er mit einem Hauch vonWehmut.

"Glaub ich nicht", frotzelte Else und nahm ihm die Zigarette, bevor er sie anzünden konnte, aus dem Mund,

"Else", sagte Hans. "Sei nicht so hart. Die eine noch und dann ist Schluß.

"Nein", erwiderte Else. "Es war so abgemacht."

Zu Hause angekommen, machten Else und Hans es sich vor dem Fernseher bequem. Sie genossen den inzwischen legendären Muikantenstadl aus Cottbus.

Kurz vor dem Finale klingelte es erneut.

Hans öffnete die Tür und taumelte zurück. "Wie habt ihr mich gefunden?" fragte er.

"Ganz einfach", sagte der eine Polizist. "Wir haben eine Spur verfolgt. Aber am Kiosk verlor sie sich."

"Ihr meint wohl meine Blutspur?" folgerte Hans.

"Blutspur?" fragte der zweite Polizist.

"Ja", sagte Hans. "Ich hab doch jede Menge Blut verloren."

"Wieso?" fragte der Polizist.

"Die Flasche", sagte Hans. "Sie kippte in der Hektik um."

"Was für eine Flasche?", wollten die beiden wissen.

Hans steckte sich eine an, und erzählte die ganze Geschichte vom abgeleckten Audi.

"Wahnsinn", sagten die Beamten. "Wahnsinn!"

"Ja", sagte Hans. "Aber wie zum Teufel habt ihr mich gefunden?"

Der eine Polizist fing noch einmal an: "Wie schon gesagt: Wir standen vor dem Kiosk und mein Kollege meinte: 'Laß uns doch Die Praline kaufen.' 'Die Praline?' fragte ich. 'Die find ich immer noch am besten, meinte er'. Na ja, er hat kein Abitur. Ich ließ mich also darauf ein und fragte nach der Zeitschrift. Die Verkäuferin sagte: 'Das tut mir aber leid. Die letzte Praline bin ich vor ca. 2 Minuten losgeworden. Aber sie haben Glück. Ich kenne den Mann, der sie gekauft hat. Vielleicht hat er sie ja schon ausgelesen.' Sie gab uns die Adresse. Na ja, den Rest kennen sie."

Else kam in den Flur.

"Frau Schtreng?" fragte der eine Polizist.

"Ja?" sagte Else.

"Ihr Mann hat Fieber. Der Unfall hat ihn mitgenommen. Er phantasiert. Sollen wir einen Krankenwagen rufen?"

"Nicht nötig", sagte Else. "Ich hab noch ein paar Zäpfchen da. Auf Wiedersehen und vielen Dank."

Sie schloß die Tür und nahm Hans die Zigarette aus dem Mund.

Im Swimmingpool der Zeit

Immer, wenn die Abendmutter auf ihren Kontrollgängen am kleinen Spirituosenladen von Joe Bürobedarfsky vorbeikam, konnte sie nicht widerstehen und klopfte kräftig mit der Faust gegen die hellblauen Rolläden, bis sich im Innern etwas regte.

An jenem Abend aber regte sich nichts. Auch nicht, nachdem die große Frau mit Fußtritten nachgeholfen hatte. Alles blieb still. Sie preßte ihr linkes Ohr an das kühle Aluminium der Front und lauschte angestrengt.

Das Pochen ihrer Schläfen ließ kurz die Illusion von Schritten aufkommen. Doch dann blies ihr Verstand das Fünkchen Hoffnung fort. Der Spätnovemberwind scheuchte es in die Weite des schönen Universums und pfiff ihm lustig hinterher.

"Joe", flüsterte die Abendmutter. "Mach auf. Ich weiß , daß du da bist."

Nichts rührte sich.

"Dann geh ich eben hintenrum", sagte sich die Abendmutter. Sie stieß die schwere Haustür auf und gelangte durch den kalten Riesenflur in den ordentlichen Hinterhof. Durch das vergitterte Fenster versuchte die Abendmutter einen Blick in Joes Küche zu werfen.

Die Küche war dunkel.

"Hi, hi", klang es gespenstisch durch die Nacht.

"Da kichert doch jemand", sagte die Abendmutter und drehte sich um.

Niemand zu sehn!

"Hi, hi", kroch es erneut in die abstehenden Ohren der genervten Frau.

"Kein Schnaps heut Nacht. Kein Schnaps heut Nacht. Der Schuppen hier ist dicht gemacht!" sang jemand falsch, doch mit Gefühl.

“Wer bist du?” rief die Abendmutter.

“Mäcki”, hörte sie ein Stimmchen, so fein wie Wolframdraht.

“Wo bist du Mäcki?” fragte die Abendmutter und blickte umher.

“Hier unten”, hörte sie das Stimmchen rufen.

Da erblickte sie zu ihren Füßen eine violette Nacktschnecke.

Erleichtert ging sie in die Hocke.

“Mäcki, was ist geschehn?” fragte sie das Tier. “Ist Joe was zugestoßen?”

“Er ist verhaftet worden”, flüsterte die Schnecke. “Er soll einem Kunden mit einem Schweizermesser die Rübe abgehackt haben.”

“Joe soll einem Kunden die Rübe abgehackt haben?” rief die entsetzte Abendmutter. “Das kann nicht sein. Er ist zwar unberechenbar und neigt zu Handgreiflichkeiten, aber Splatterfilme verabscheut er aus tiefstem Herzen. Das hat er oft betont.”

“Die Beweise sprechen gegen ihn”, unterbrach Mäcki. “Hauptkommissar Blötkontainer hat ihn auf frischer Tat ertappt. Blötkontainer betrat in dem Augenblick den Laden, als Joe die Klinge seines Messers an der Super-Illu sauberwischte, die das Opfer noch mit beiden Händen fest umklammert hielt. Joe gab zu Protokoll, das Opfer hätte, weil er sich geweigert habe, ihm zuzuhören, mit der Zeitschrift auf ihn eingedroschen.”

“Er hat die Tat gestanden?” fragte die Abendmutter bestürzt.

“Nicht direkt”, sagte Mäcki, “aber den Gebrauch der Tatwaffe.”

Die Abendmutter seufzte.

“Das hört sich gar nicht gut an”, sagte sie und sah die Sterne an.

“Sag mal Mäcki”, fuhr sie nach einer Weile fort, “wie gut kennst du Joe? Glaubst du, er hat’s getan?”

“Ich kenne Joe sehr gut”, begann die Schnecke. “Er hat mir oft über die Straße geholfen. Jeden Abend, Punkt acht, hat er für mich ein Schälchen DANZIGER GOLDWASSER in den Hof gestellt. Da hinten in die Ecke, damit es niemand sieht. Er ist mein bester Freund. Wenn er die Tat begangen hat, verstehe ich die Welt nicht mehr.”

“Wieso?” fragte die Abendmutter.

“Wieso?” rief Mäcki aufgebracht. “Ein so lieber Mensch wie Joe, hackt doch keinem anderen die Rübe ab!”

“Tierliebe ist nicht gleich Menschenliebe”, belehrte die Abendmutter den Gesprächspartner. Und außerdem: es würde passen.”

“Passen?” ereiferte sich Mäcki. “Zu was?”

“Es paßt in unsere Zeit”, fuhr die Abendmutter fort. “Sie ist voller Widersprüche und Vieldeutigkeiten. Gut und Böse sitzen im selben Boot. Die Reichen rudern mit den Armen, weil sie dem Wasser nicht weh tun wollen. Die Armen kacken in die Fluten, weil sie kein Geld für sanitäre Anlagen haben.”

“Logisch”, sagte Mäcki, “wer Schuld hat, ist schuldig. Aber ich verstehe nicht, was das mit Joe zu tun hat.”

“Warte”, sprach die Abendmutter. “Jemand der Autos liebt, haßt doch nicht automatisch Menschen, obwohl er sie gefährdet.”

“Aber Schnecken”, warf Mäcki ein, “die haßt er ganz bestimmt!”

“Schwachsinn”, sagte die Abendmutter. “Es hat wohl keinen Sinn, sich mit dir über so komplexe Themen zu unterhalten.”

“Ich will mich gar nicht unterhalten”, sagte die Schnecke eingeschnappt. “Ich will Joe helfen. Er ist unschuldig. Du weißt es ja so gut wie ich.”

Die Abendmutter schämte sich.

Auch sie hatte das sichere Gefühl, daß nur eine Verkettung von unglücklichen Umständen ihren Freund in die Bredouille gebracht hatte. Doch war sie bereit gewesen, ihn zu verdächtigen. Die Treue Mäckis ließ sie wieder zu sich kommen.

“Ich werde diesen Kommissar suchen”, sagte sie leise. “Ich werde mit ihm reden und wenn nötig die Sache selber in die Hände nehmen.”

“Halt mich auf dem laufenden”, sagte die Schnecke.

“Mach ich”, sagte die Abendmutter und verschwand mit schnellen Schritten, denn ein neuer Tag brach an.

Jesus und das fremde Mädchen

Es war der dreiundzwanzigste.

Ein Donnerstag, der sich langsam verabschiedete, um alles weitere der Nacht zu überlassen, die sich schnell und unbeirrbar mit leisen Schritten näherte.

Da kam jemand, der schneller war, der Licht und Schatten überholte. Hauptkommissar Hansi Blötkontainer.

Bei der Verfolgung eines Gangsterduos war er auf dem Rücksitz seines Dienstwagens eingeschlafen. Er wachte auf und stellte fest, daß sein Benzin gestohlen war.

Die Welt ist noch schlechter, als sie sowieso schon ist, kritzelte er schnell ins Tagebuch und machte sich dann mit dem Reservekanister auf den Weg.

Zwei Stunden irrte er nun schon durch die fremde Stadt. Aber einer offenen Tankstelle war er nicht begegnet.

Seine Beine wurden müde. Es war nur sein ungebrochener Fortschrittsglaube, der ihn weitertrieb.

Inmitten einer ungepflegten Grünanlage stieß er auf einen jungen Mann. Er lag träumend im Gras.

Der Kommissar zog seine Dienstpistole und rief: "Aufstehn!"

Der Kerl erhob sich nach und nach und Hansi forderte ihn auf, sich auszuweisen.

Heraus kam, daß es sich bei dem vermeintlich Obdachlosen um den legendären Drogenabhängigen Conny Kramer handelte.

Alle hatten ihn für tot gehalten. Alle waren auf den Schlager reingefallen, den er wahrscheinlich selbst geschrieben hatte und der ihm über die Jahre hinweg ein sorgenloses Dasein gesichert hatte.

Hansi konnte sein Glück kaum fassen.

"Schade, daß Schimanski nicht mehr lebt", dachte er laut. "Dem hätten vor Neid die Arschbacken vibriert!"

Eine Kopfnuß traf ihn am rechten Ohr.

Er fuhr herum und sah sich einer Gruppe von Mofarockern gegenüber.

Hansi Blötkontainer wollte schon in putativer Notwehr handeln, da rief der Bandenchef:"Halt, Herr Kommissar! Machen Sie keine Dummheiten. Wir sind das internationale Dopingkomitee!"

Hansi ließ die Waffe sinken.

"Prima Tarnung, Jungs!" sagte er anerkennend. "Schaut mal, wen ich aufgestöbert habe."

Er zeigte auf den jungen Mann und sagte: "Conny Kramer!"

Der ganze Haufen applaudierte und ließ Hansi hochleben.

"Aber die Kontrolle", sagte der Vorsitzende, "Herr Kommissar, muß leider sein. Wir haben zufällig unsere Röhrchen vergessen, aber ..."

"Macht nichts", unterbrach ihn Hansi, schnappte den Reservekanister und pinkelte ihn randvoll.

Wieder applaudierten alle.

"Den da", sagte der Vorsitzende und zeigte auf Conny Kramer, "übernehmen wir. Bringen Sie die Urinprobe aufs nächste Polizeirevier."

"Geht in Ordnung", sagte Hansi und sah dem Dopingkomitee und seinem großen Fang noch eine Weile hinterher.

"Ach, würden alle doch so gut gelaunt und zuverlässig ihre Arbeit tun", seufzte er noch und machte sich zufrieden auf den Weg.

Die Morgensonne blinzelte ihm zu. Der nächste Sondereinsatz wartete schon ungeduldig. Hansi hatte seinem Vorgesetzten versprochen, einer unlauteren religiösen Sekte auf die Schliche zu kommen, die in der Nähe von Osnabrück ihr Unwesen trieb.

Gegen Mittag fuhr er mit seinem schwarzen Space-Waggon die Landstraße entlang.

Als er an einer von weißen Birken umstandenen Bushaltestelle vorüberfuhr, bemerkte er ein langhaariges Mädchen.

Es winkte.

Hansi schaltete sofort.

“Eine hübsche Anhalterin in einer so kargen Landschaft ist doch ein gefundenes Fressen für jeden abartigen Eisverkäufer”, rief er und hielt den Wagen an.

Er öffnete die Tür und sagte: “Hallo, schönes Fräulein. Wo soll's denn hingehn?”

Das Mädchen sah ihn mit ihren großen, braunen Augen an und flüsterte: “Der Weg ist das Ziel.”

“Aha”, dachte Hansi, “eine intelligente Ausreißerin!”

Er räumte den Proviant vom Sitz und sagte: “Steig ein.”

Sie sagte: “Danke schön”, zog ihren Duffle-Coat aus und machte es sich bequem. Sie durchwühlte auch das Handschuhfach.

Das Mädchen blätterte in Hansis Reisepaß und fragte: “Heißt du wirklich Jesus?”

“Paß her!” brüllte Hansi. “Das ist meine Privatsache.”

“Entschuldige”, entgegnete das Mädchen, “ich wollte dir nicht nahe treten. Aber so einen originellen Namen gibt es doch wirklich selten. Hast du ihn aus der Bibel?”

“Ach was!” brüllte Hansi. “Den Namen gab mir meine Mutter. Sie hat ihn als Kind mal in der Kirche aufgeschnappt und verband damit wohl etwas. Das ist schon lange her.”

Er nahm den Paß und legte ihn zurück ins Handschuhfach.

Das Mädchen setzte sich gerade hin.

“Ich muß zu einer alten Freundin”, sagte Hansi. “Sie lebt alleine, wie ein altes Meerschweinchen in einem Wald bei Osnabrück.”

“Glaubst du, sie kann dir ein paar Tips geben?” fragte das Mädchen altklug.

“Tips?” fragte Hansi. “Wie kommst du denn darauf?”

“Tips kann doch jeder gebrauchen”, sagte das Mädchen, drehte den rechten Außenspiegel durch das offene Seitenfenster in ihre Richtung und kontrollierte ihr Make-up.

Hansi sagte: “Ach so!”

Ein gelber DIN-A-4 Bogen kam ins Auto geflogen und das Mädchen rief: “Was ist das denn?”

“Ein Flugblatt”, sagte Hansi überlegen. “Ein frischkopiertes Flugblatt! Fühl mal, es ist noch warm.”

Das Mädchen drückte den Bogen an ihre linke Wange und genoß die leichte Wärme.

Als sie verflogen war, las sie Hansi den Text vor.

Wie Hansi vermutet hatte, handelte es sich um ein weiteres Machwerk jener Sekte, die er sprengen sollte. Wie üblich forderte die Sekte die christlich-soziale Umwälzung der Gesellschaft und zwar durch konsequente Vereinsamung eines jeden einzelnen nach dem Motto: Nur allein bist du dein und Gottes Baby obendrein!

Das Mädchen mußte lachen.

Hansi wurde böse.

“Wie heißt du eigentlich?” fragte er ungewollt.

“Linda”, sagte das Mädchen.

“Und weiter?”

“Linda Light.”

“Hört sich nach Künstlername an”, sagte Hansi abschätzig.

“Ich war mal Tänzerin”, erklärte das Mädchen.

Hansi sagte: “Linda! Die Sache ist sehr ernst. Schon viele haben sich über diese Sekte lustig gemacht. Aber gerade diese Einladung zum Lachen ist der erste Schritt in die Verharmlosung. Und die führt geradewegs in die Abhängigkeit. In die selbstgewählte Isolation. Schau dich nur mal um! Die virtuellen Klöster haben enormen Zulauf. Immer mehr Menschen ist geselliges Beisammensein ein Greul.”

“Jesus”, unterbrach das Mädchen, “mal den Teufel doch nicht an die Wand. Das Leben schillert in so vielen Farben. Und ist es nicht gerade diese Buntheit, die uns fasziniert? Was soll die Panikmache?”

“Panikmache?”, schrie Hansi.

Seine Gedanken überschlugen sich.

Vor lauter Aufregung hätte er fast den falschen Weg eingeschlagen.

Er riß das Lenkrad herum und blieb noch sieben Kilometer auf der breiten Straße, bevor er in den Fuchsweg einbog.

Der Fuchsweg mündete in die Hasenscharte, einen ehemaligen Trimmpfad, den nun die Brombeersträucher überwucherten.

Hansi hielt den Wagen an, zog die Zündschlüssel ab und sagte: “Wir sind da.”

Der Pseudo-Unfall

Die Hütte Elviras lag auf dem Venushügel, einer mittleren Erhebung.

In grauer Vorzeit diente der Hügel den dort ansässigen Bauern als Fluchtburg. Durch die jahrtausendelange Benutzung war er jedoch zur

Mulde degeneriert.

Hansi und Linda stiegen die steinernen Stufen hinab und gingen an der rostigen Gartenlaube vorbei zum Hintertürchen. Einen anderen Eingang gab es nicht.

Die unverhofften Gäste betraten aufgekratzt Elviras Küche. Elvira schreckte gerade Eier ab.

Nachdem die herzliche Begrüßung in der stillen Heiterkeit, die den kleinen Raum erfüllte, untergegangen war, bot die Einsiedlerin den Gästen ein Glas mit Wasser an und ging Holz hacken.

“So ein schönes Waldhaus hab ich ja noch nie gesehn!” staunte Linda. “Ganz aus Aluminium, so sachlich kühl und bei aller Askese doch volkstümlich.”

“Du meinst das große Designer-Hufeisen über der Hintertür?” fragte Hansi.

“Ja, ja”, ereiferte sich seine Begleiterin, “aber auch die Totenschädelchen auf dem Gewürzregal. Und der überdimensionale Bleistift neben dem Einkaufszettelblöckchen über der Tiefkühltruhe. Da stehen alle Telefonnummern der wichtigsten Regierungschefs drauf. Sollen wir mal einen anrufen?”

“Ach”, sagte Hansi, “die sind doch alle auf dem Wirtschaftsgipfel im Grödnertal.”

“Aber ich könnte auf dem Anrufbeantworter eine Nachricht hinterlassen”, warf Linda ein.

“Elvira hat kein Telefon”, sagte Hansi schließlich. Er ergriff die Hand der jungen Frau und zog sie an die frische Luft, wo sie der blonden Einsiedlerin bei der Arbeit zusahn.

Elvira hackte rasend schnell.

Die Scheite flogen durch die Luft. Die Späne spritzten seitlich weg und da passierte es.

Elvira hatte sich zu einem Marienkäfer, der sich auf einem Holzstück ausruhte, heruntergebückt und ihm den alten polnischen Kinderreim ins Ohr geflüstert: *Marienkäfer, flieg in den Himmel und bring mir ein Stück Brot, sonst schlag ich dich gleich tot!*

Wegen ihrer höllischen Hackgeschwindigkeit kam ihr Kopf nicht mehr rechtzeitig hoch und sie schlug ihn sich glatt ab.

Hansi und das Mädchen setzten den Kopf sofort wieder auf den Körper.

Aber beim Versuch, die hysterische Frau ins Haus zu tragen, fiel der Kopf immer wieder herunter und der Gesichtsausdruck verriet bei jedem Aufprall Elviras letzten Willen: *Laßt meinen Kopf bitte liegen und gebraucht den eigenen!*

Hansi interpretierte die extreme Mimik seiner alten Freundin und Geliebten aber falsch und verstand: *Warum kümmert sich denn keiner um meinen schönen Körper?*

Er lud ihn gleich in seinen Space-Waggon, vergaß das fremde Mädchen, raste los und erreichte nicht vor Sonnenuntergang das Crazy-Love-Motel.

Linda ging zurück ins Haus und stopfte die blutigen Kleider in den Papierkorb.

Sie öffnete Elviras Kleiderschrank und suchte sich was hübsches aus. Vor dem Anziehen duschte sie sich ausgiebig und legte sich zum Entspannen auf Elviras harte Pritsche.

Sie war gleich weg.

In der Morgendämmerung wachte sie gerädert auf und ging ans Küchenfenster.

Von dort verfolgte sie ein grandioses Naturschauspiel:

Ein Baum, der von zwei Hunden angepinkelt wird, betäubt die Tiere mit dem bis dahin unbekannten Pappelgas.

Dann läßt er alle Blätter auf sie fallen und verschwindet hoppeldipoppel.

Linda spürt: Das ist der größte Quatsch, den sie je erlebt hat.

Der Baum sieht das genauso, fordert sie aber auf, ihm nicht zu folgen.

"Du hast genug gesehn", spricht er mit skandinavischem Akzent.

Er bittet Linda, die Hunde aus der Verankerung zu lösen und aus ihren Schnauzen eine kühle Frühlingssuppe zu zaubern.

Sie folgt seiner Anregung und wird unglaublich satt.

Ihr wird auf einmal klar, wie schmal der Grat zwischen Traum und Wirklichkeit ist. Zwischen der angeborenen Sehschwäche und den mühsam aufgebauten Türmchen lupenreiner Wahrnehmung.

"Gibt es", fragt Linda sich, "für ausgebuffte Träumer immer eine Gratissuppe? Oder muß ich, wer weiß wie bald schon, dafür mit Energieportiönchen zahlen, die ich zum Lustigsein benötige?"

Linda drehte sich noch ganz versunken um und unwillkürlich wanderte ihr Blick über die Anrichte zum Gewürzregal.

"Der Kopf!" rief sie und stürzte in den Garten.

Sie durchkämmte das Gemüsebeet, suchte das Kartoffelbeet zwei-, dreimal ab, schaute unter die Rhabarberblätter.

Nichts! Der Kopf war verschwunden. Keine Blutspur, keine Tropfen.

“Jesus!”, dachte Linda.

Er mußte zurückgekommen sein und die Spuren verwischt haben. Aber warum? Es war ein Unfall. Es gab nichts zu vertuschen.

Sie fuhr sich mit der Hand durchs dichte Haar, holte ihr Handtäschchen aus der Küche und lief leicht erregt zur breiten Straße.

Sie streckte ihren Daumen raus und gelangte mit dem Band-Bus der ROMANTIC FLAMINGOS, die ihr sofort einen Job als Background-Sängerin anboten, nach Osnabrück.

Kurze Zeit später heiratete sie den Besitzer einer Nobel-Disco aus Hannover. Mit dessen Hilfe landete sie zwei Mini-Hits in Belgien und Luxemburg.

Doch das ist eine andere Geschichte.

Die Penthaus-Bande

“Die Spur führt in die Schweiz. Mehr kann ich nicht sagen.” Dr. Höttges setzte sich auf seinen Schreibtisch und drückte die Lord-Ultra aus.

“Sie, als seine Schwester, wissen es ja wahrscheinlich. Joe besaß kein Schweizer-Messer und ist seit seiner Jugend nie mehr mit Taschen- oder Fahrtenmessern in Berührung gekommen. Leider wird uns das niemand glauben. Die Fakten sprechen gegen ihn. Wie es aussieht, kann es lediglich darum gehen, das Strafmaß so gering wie möglich zu halten.”

“Totschlag”, sagte die Abendmutter.

“Richtig”, sagte Dr. Höttges. “Ich habe ein psychologisches Gutachten vorliegen, aus dem klar hervorgeht, daß Joe kein potentieller Mörder ist. Im Gegenteil. Er scheint seelisch vollkommen gesund zu sein.”

Dr. Höttges lachte. “Beängstigend gesund.”

Die Abendmutter lächelte.

“Ja. Unsere Familie ist durchweg fit. Deshalb können wir es nicht zulassen, daß Joe für etwas büßen soll, das er nicht getan hat.”

Der Verteidiger nickte.

“Aber die Lage ist aussichtslos. Die Ermittlungen sind abgeschlossen. Hauptkommissar Blötkontainer, ein Skatbruder von mir, hat nichts unversucht gelassen. Er ist eine Kapazität!”

“War er auch in der Schweiz?” fragte die Abendmutter.

Dr. Höttges legte die Nagelfeile beiseite.

“Natürlich. Die Spur verlief im Sande. Er hat das Messer jedem Schweizer unter die Nase gehalten. Allen kam es bekannt vor. Aber niemand wollte schwören, es schon einmal gesehn zu haben. Bei wem auch immer."

Die Abendmutter knöpfte den langen, schwarzen Mantel zu und ging zur Tür.

"Auf Wiedersehen."

"Auf Wiedersehen, Frau Kümmerling," rief Dr. Höttges, "und lassen Sie den Kopf nicht hängen. Mildernde Umstände sind immer drin."

Die Abendmutter schloß die Tür. Sie schlenderte zum Aufzug und drückte versehentlich die K 2-Taste.

"Mist", fluchte die mystische Frau, "jetzt fahr ich in den Keller."

Zu ihrer Überraschung aber ging es aufwärts.

Als die Tür sich öffnete, hatte sie siebenundzwanzig Stockwerke zurückgelegt, höher ging es nicht. Neugier klopfte an ihr Herz. Sie stieg aus und ging auf Zehenspitzen durch den kurzen Flur zu einer Tür, an deren Griff ein Pappschildchen hing.

Bitte nicht stören. Wir überlegen noch, las die Abendmutter und horchte intensiver.

"Elvira ist tot", hörte sie eine Männerstimme sagen. "Sie ist auf einen plumpen Trick militanter Tierschützer hereingefallen. Wir müssen uns um ihre Babys kümmern."

"Halt", hörte die Abendmutter eine andere Männerstimme sagen. "Die Babys sind nicht unser Bier. Sie warn Elviras Steckenpferd. Jetzt ist sie tot. Die Babys sind für uns kein Thema. Wenn sie Blödsinn machen, können wir ihr LOVE-SYSTEM zerstören und die Sache hat sich."

"Du kennst dich bei den Babys erstaunlich gut aus", mischte sich nun eine Frau in das Gespräch ein.

"Ich weiß nur das, was Joe mir mal erklärt hat. Ihr wißt doch, damals, als wir von den Babys Wind bekamen", antwortete der Mann, "da wollten wir Elvira nicht direkt darauf ansprechen und haben ihren Techniker gefragt. Das war nicht billig. Aber daher weiß ich, wie die Babys funktionieren."

"Was ist mit ihm?" fragte die Frau. "Weiß er nicht viel zu viel?"

"Der Joe", sagte der Mann, "das ist ein dummer Techniker, mehr nicht. Und außerdem: Elvira hat ihn längst auf Eis gelegt. Soviel ich weiß. Er wurde unbequem. Ich glaube, er wollte ein Kind von ihr."

Schallendes Gelächter drang an das Ohr der Abendmutter. Sie war vor Aufregung ganz durchgeschwitzt.

"Freunde!" rief nun jemand. "Genug für heute! Laßt uns gehn. Wir brauchen Schlaf, gesunden Schlaf."

"Ja!" riefen alle "Gesunder Schlaf ist gut!"

Die Abendmutter schreckte auf und ging zum Fahrstuhl, verwirrt und alarmiert zugleich.

Sie fuhr nonstop ins Erdgeschoß, nickte dem Pförtner am Ausgang freundlich zu und eilte in das nächste Steakhaus, wo sie in Gedanken das Gehörte Revue passieren ließ.

"Der Name Joe kommt häufig vor", dachte sie selbstkritisch. "Elvira hat er nie erwähnt. Und technisch ist Joe unbegabt. Er konnte nicht mal einen Walkman reparieren, als ich ihn darum bat. Könnte er sich verstellt haben?"

Die Abendmutter stocherte abwesend im Salat herum. Die Bedienung brachte den dritten Cognac.

"Und wer sind diese Babys?" fragte sie sich weiter. "Und dann diese seltsamen Schlaf-Rufe, die wie Schlacht-Rufe geklungen haben?"

Sie beschloß, Joe anzurufen.

"Mal sehen, wie er reagiert", murmelte sie, bestellte den sechsten Cognac und ein Telefon.

Sie kam nicht durch.

Schon nach der dritten Zahl ertönte das Besetztzeichen.

Bei allen weiteren Versuchen schon nach der zweiten. Schließlich hörte sie eine hübsche Frauenstimme vom Band: *Polnisch für Fortgeschrittene*.

Die Abendmutter gab auf, bezahlte und fuhr per Taxi ins Untersuchungsgefängnis.

Joe freute sich, als er sie sah, wurde aber zornig, als seine Schwester ihm von den Nachforschungen berichtete.

"Hör auf damit", sagte er leise. "Die schrecken doch vor nichts zurück. Sie werden dich einfach ignorieren."

"Wer sind 'Sie'?" fragte die Abendmutter.

Joe schwieg.

"Du bist müde", sagte er dann. "Du hast dich überanstrengt. Du mußt schlafen."

"Schlafen", sagte die Abendmutter. "Was bedeutet schlafen?"

"Erholung", sagte Joe.

Seine Schwester stand auf.

"Verarschen kann ich mich selbst."

Joe sah in ihre Augen.

"Versteh' doch, Schwesterchen", flüsterte er. "Sie sind zu mächtig."

"Joe", fragte die Abendmutter, "was hast du zu verlieren?"

"Nichts", sagte Joe.

"Dann verstehe ich nicht, warum du dir nicht helfen lassen willst", sagte die Frau. "Oder hat für dich das ganze Leben keinen Sinn mehr? Hat Elvira dir so viel bedeutet?"

"Elvira", lachte Joe, "die blöde Kuh ... Sie hat die Babys ausgeschimpft, so laut, so laut ... Nur eins hat überlebt, ein einziges! Die

Babys werden aussterben. Jetzt geh!"

Die Abendmutter schlug ihren langen Mantel hoch und ging ohne ein Abschiedswort.

"Die Menschen sind klasse", dachte sie in der Straßenbahn. "Sie leben einfach so drauflos und hinterlassen Spuren."

Am Benzplatz stieg sie aus, bog in die Heidi-Kabel-Straße ein und stand schon bald vor Joe Bürobedarfskys verschlossenem Geschäft.

Sie öffnete die Haustür, ging durch den frischgewischten Flur in den Hinterhof und suchte Mäcki.

Sie fand die Schnecke schlafend hinter einem nagelneuen Komposter und weckte sie.

Mäcki stöhnte: "Ah! Ich hatte einen wirren Traum."

"Erzähl mal", sagte die Abendmutter.

"Nein", sagte Mäcki, "sag du mir erst, was du herausgefunden hast."

"Erst den Traum und dann die Wirklichkeit", erwiderte die Abendmutter.

"Das ist die falsche Reihenfolge", motzte die Schnecke.

"Schieß los", sagte die Abendmutter und Mäcki gab nach. Wie es die Schwächeren ja klugerweise meistens tun.

Und er erzählte von Jesus und Elvira, von Linda und dem Crazy-Love-Motel. Er sprach von Dr. Höttges und Frau Kümmerling und von der miesen Penthaus-Bande.

Und die Abendmutter hörte ihm, obwohl sie die Geschichte ja kannte, aufmerksam zu und sah gebannt auf Mäckis Herz, denn es schlug im 6/8tel Takt und leuchtete die ganze Nacht.

Die Versuchung

Der heilige Franziskus hatte eines Tages von einer barmherzigen Frau ein Schälchen Hühnerklein bekommen und sich vor ihrem Haus in den Schatten einer Pinie gesetzt, um es zu verputzen.

Da kam der Teufel, in Gestalt eines Ketchup-Vertreters, des Wegs und bot ihm eine Probepackung HEINZ CUM LAUDE an.

Der Heilige Franziskus sagte da nicht nein. Er schlitzte das Tütchen mit seinen langen Fingernägeln und prutschte den köstlichen Inhalt über das Hühnerklein.

“Mmh,” murmelte der Mann, “das nenn ich Manna!”

Dann aß er hastig, aber mit Würde und leckte das Schälchen sauber.

“Sicher bist du jetzt müde,” sagte der Teufel, “und würdest gerne ein Schläfchen halten.”

Franziskus sah ihn freundlich an.

“Sicher bringst du der barmherzigen Frau ihr Schälchen gleich zurück,” fuhr der Teufel fort. “Warum fragst du sie nicht gleich, ob sie ein Bettchen für dich hat, und sei es nur ein schmales?”

“Das Schälchen ist mein eigen,” sagte der Heilige und blickte dem Teufel in die schwarzen Augen.

“Nun,” sagte der Teufel verdrossen, “Eigentum ist keine Schande. Aber Tempel brauchen Pflege. Sonst ekelt sich der Herr.”

Damit spielte er auf Franziskus’ unhygienisches Aüßeres an.

“Warum bittest du die barmherzige Frau nicht um einen Zuber Wasser und ein Stückchen Kernseife?”

“Warum bittest du sie nicht darum?” fragte Franziskus, der ein scheues Reh war.

“Wie du willst,” rief der Teufel und eilte in den Garten des Hauses, wo die barmherzige Frau sich zu schaffen machte.

“Guten Tag Signora,” sagte der Teufel. “Entschuldigt die Störung.

Sie sind eine barmherzige Frau und gaben vorhin einem Hungrigen zu essen. Nun ist er satt. Er will beten. Doch sein schmutziger Körper steht zwischen ihm und seinem Herrn. Sie sind eine barm...."

"Haltet ein, Fremder," sagte die Frau. "Einen Zuber Wasser und ein Stücken Kernseife kann ich spendieren. Aber ein Handtuch habe ich nicht für ihn. Er müßte sich zum Trocknen auf die Veranda legen."

"Schon recht", rief der Teufel.

Er holte den Heiligen und führte ihn ins Haus.

Da stand das Wasser schon bereit.

Franziskus hüpfte in den Zuber.

Die Frau reichte ihm die Kernseife. Der Teufel empfahl sich mit einer lockeren Verbeugung.

Er schloß die Tür hinter sich und schlich sogleich zu einem Seitenfenster, um die Früchte seines bösen Tuns zu kosten.

Er sah, wie der Heilige sich einseifte und hörte ihn sagen: "Gute Frau, vergeßt nicht die Sonnenrollos herabzulassen. Es ist schon Mittag durch."

"Ohje!" rief die gute Frau, "wie gut, daß Ihr mich daran erinnert! Nichts geht über eine kühle Stube, wenn die Sommerhitze drückt."

Beide lachten und die Rollos sausten herunter.

Der Teufel wurde hektisch, rannte hin und her. Er verdrehte sich, in der Hoffnung einen Schlitz oder eine Ritze zu finden.

Drinnen war es derweil still. Nur ein Plantschen war zu hören. Selbst der Teufel vermochte nicht mit Sicherheit zu unterscheiden, ob es ein einzelner Heiliger war, oder das Planschen eines geilen Pärchens.

Als dem Teufel schließlich das Schlüsselloch in den Sinn kam, war es bereits zu spät.

Franziskus trat aus dem Haus und winkte einige Stare zu sich, die in der Nähe Nahrung suchten.

Aufgeregt umflatterten sie den Heiligen. Franziskus trocknete im Nu.

Dann warf er sich die Kutte über und ging zurück ins Haus.

Zusammen mit der Frau kippte er den Zuber mit dem Badewasser vor der Veranda aus. Er bedankte sich für die Barmherzigkeit und wanderte weiter.

Der Teufel folgte ihm und rief: "Wie war's?"

"Klasse", sagte Franziskus. "Ich bin satt. Ich bin sauber."

"Und sonst?", fragte der Teufel.

"Auch klasse", sagte Franziskus. "Die Idee ein Bad zu nehmen, war wirklich gut. Dich hat der liebe Gott geschickt."

Der Teufel heulte auf und schrieb: "HALT'S MAUL" mit feurigen Pfoten ins Blau des umbrischen Himmels. So zackig, daß es nicht zu lesen war.

Franziskus hob seinen Kopf und lächelte. Denn er dachte an den alten Volksglauben, daß, wenn es blitzt, der liebe Gott einen Heiligen fotografiert.

Der Automatentorso

Ein Automatentorso lag am Straßenrand.
Die Hunde pinkelten ihn an.
Das Wetter kannte kein Erbarmen.
Da hielt ein Wanderer an.
Er wollte aus archäologischem Interesse den Automatentorso identifizieren und drehte ihn von einer Seite auf die andere.

"Laß mich in Frieden," stöhnte der Automatentorso. "Ist Hundepisse nicht schon schlimm genug? Langt nicht der saure Regen, der ätzende Schnee? Müssen mich auch noch Archäologenpfoten piesacken?"

"Huch", rief der Wanderer, "ich wollte dich nur identifizieren, um dir deine ursprüngliche Würde wiederzugeben. Aber wenn du so überempfindlich reagierst, spar' ich mir die Mühe. Meine Zeit ist kostbar. Guten Tag!"

Damit hatte der Automatentorso nicht gerechnet. Ihm blieb vor Schreck das Herz fast stehn und bevor er etwas sagen konnte, war der Wanderer über alle Berge.

Der Automatentorso weinte bitterlich und haderte mit sich und seinem unnatürlichen Verhalten: Warum konnte ich nicht einfach Hallo sagen? Warum konnte ich nicht einfach sagen: Guten Tag, ich bin der American-Grabsch-Automat Thomas!

Und der Wanderer hätte vielleicht geantwortet: Kennen wir uns nicht von der Raststätte Seesen?

Und ich hätte geantwortet: Kann sein. Kann sehr gut sein.

Der Automatentorso brach erneut in Tränen aus.

Eine diebische Elster kam angeflogen und packte ihn.

"Du dummes Tier," schluchzte der Automatentorso, " hast etwas blinken sehn und dachtest an ein Schnäppchen. Das sind nur meine

Tränen, flieg weiter. Ich bin zu groß für dich und rostig bis zur letzten Mutter."

"Ja," rief die Elster, "ich sehe meinen Irrtum ein. Du bist wirklich viel zu groß für mich und deine chicken Teile haben schon andere abmontiert. Meine Augen lassen nach. Ich bin nicht mehr die Jüngste. Wenn du nichts dagegen hast, ruh' ich mich ein Weilchen auf dir aus und flieg dann weiter."

"Was soll ich dagegen haben?" schluchzte der Automat gerührt von so viel Menschlichkeit.

"Weiß nicht", krächzte der schwarzweiße Vogel, "aber steht nicht in der Bibel: *Es werden Tage kommen, da reagiert sogar der letzte Schrott sensibel?*"

"Weiß nicht," sagte der Automatentorso und freute sich, einen so gebildeten Gast zu haben.

Das Risiko

Ein Treppengeländer war altersschwach geworden. Es sollte abgerissen werden. Der Hausmeister wollte des Geländer behutsam auf das Ende vorbereiten.

Er streichelte es und sagte: “Du hast so vielen Menschen in all den Jahren beim Auf- und Abstieg Halt gegeben. Du warst so lange die Sicherheit in Person, daß dir jeder deine Ruhe gönnt!”

“Spar dir dein Gequatsche!” krakeelte das Geländer. “Ich soll abgerissen werden. Ich weiß es!”

“Von wem?” fragte der Hausmeister.

“Von der krummen Lanka”, rief das Geländer. “Sie sagte, ich sei ein Risiko.”

“Die krumme Lanka”, rief der Hausmeister, “ist ein elendes Schandmaul! Man sollte der Lanka was auf die Fresse haun, so etwas zu erzählen!”

“Ich bin also kein Risiko?” züngelte das Geländer.

“Nein”, sagte der Hausmeister. “Die krumme Lanka lügt.”

“Man sollte ihr was auf die Fresse haun”, sagte das Geländer.

“Ja”, sagte der Hausmeister und stieg die vier Treppen zur Wohnung der krummen Lanka hoch.

Noch bevor er die Türglocke betätigen konnte, öffnete die Alte und schrie laut und schrill: “Hat dich das Geländer geschickt, um mir die Fresse zu polieren?”

Der Hausmeister war überrascht und sagte: “Aber Frau Lanka! Wie kommen Sie denn darauf? Ich sprach mit dem Geländer, das ja! Und dabei kam die Sprache auch auf Sie, das ja! Und das Geländer sagte: Ach ja, die liebe Frau Lanka! Als Kind ist sie schon bis in den Keller auf mir hinuntergerutscht. Das waren noch Zeiten!”

Der Hausmeister zog ein weißes Taschentuch hervor und schneuzte sich.

“Und weiter?” wollte Lanka wissen.

“Und weiter?” wiederholte der Hausmeister. “Ach ja! Und dann sagte das Geländer: Was glauben Sie, Herr Tusch? Würde Frau Lanka mir den Gefallen tun und nochmal auf mir bis in den Keller runterrutschen?”

Die Alte wurde sentimental und wischte sich mit einem schmuddeligen Taschentuch fünf Tränen aus den Augen, zwei links, drei rechts.

“Herr Tusch”, sagte sie dann, “ich weiß nicht, ob ich das schaffe. Ich bin nicht mehr die Jüngste.”

“Aber Frau Lanka”, schmeichelte der Hausmeister, “sie ham doch Beine wie Marlene Dietrich!”

“Wer sagt das?” fragte die krumme Lanka.

“Alle”, sagte der Hausmeister.

Die krumme Lanka sah ihn unbehaglich an.

“Es ist nicht schön, mit einer Verräterin verglichen zu werden”, sagte sie dann leise.

“Oh!” rief der Hausmeister. “Ich meinte nur die Beine.”

“Nur die Beine...”, wiederholte die Alte nachdenklich, als überlege sie, wie verräterisch die Beine einer Verräterin sein könnten.

Der Hausmeister setzte nach: “Frau Lanka, ich könnte Ihnen ja behilflich sein. Ich könnte Sie anheben und festhalten. Seien Sie nicht so hart! Es ist der letzte Wunsch des armen Geländers, das letzte ...”

“Schon gut”, unterbrach ihn die Alte.

Sie nahm die Wohnungsschlüssel vom Haken, schloß die Tür und schwang sich mit einer unglaublichen Gelenkigkeit auf das Geländer ohne die Hilfestellung des Hausmeisters abzuwarten.

Ihr Schwung war so groß, daß sie das Gleichgewicht verlor und in die Tiefe stürzte.

Alles ging sehr schnell.

Das Geländer wurde aus seinen Träumen gerissen. Es träumte von der Zeit als junges Bäumchen.

“Was war das für ein Schrei?” fragte es noch ganz verzaubert.

“Die krumme Lanka,” sagte der Hausmeister, “sie ist tot.”

“Man sollte ihr was auf die Fresse haun”, gähnte das Geländer und träumte weiter.

Der Hausmeister eilte zum Telefon.

Er wählte eine Nummer.

“Uschi,” rief er, “die Wohnung wird bald frei. Der Rest wie abgemacht.”

Dann rief er einen Krankenwagen. Dann lief er laut nach unten.

Memories in Dur und Moll

Beim Wändestreichen unterlief uns ein bekloppter Fehler. Wir überpinselten die Seelen unserer Ahnen, die uns bei der Arbeit zusehen wollten und merkten es nicht einmal. Auch die Urahnen merkten es nicht.

Ein Hilfsfachmann landete mit seinem Hubschrauber direkt auf unserem Dach und erklärte uns die Konsequenzen.

“Für eure Ahnen ist das nicht so tragisch. Sie haben kein Volumen und brauchen nichts mehr außer einem Plätzchen. Aber ihre Exkremente werden schön Blasen werfen. Eure Räume werden sich enorm verengen und für eure Körper wird es bald unmöglich sein, sich in diesem Haus zu bewegen. Ihr müßt ausziehn!”

Wir bedankten uns beim Hilfsfachmann für die prompte Prognose und standen praktisch auf der Straße. Was tun?

Es war die Zeit der großen Umwälzungen im Osten. Und die Wohnungsnot im Westen ließ unsere Sehnsucht nach einem neuen Zuhause als kitschigen Ballast erscheinen.

Da rief uns Bongo an. Er hatte von einem Survivalkurs im Sauerland gehört. Wir sagten sofort zu.

Alles hätte so gut sein und noch besser werden können, als etwas schreckliches geschah. Bongo wurde beim Austreten vom Blitz getroffen.

“Selbst schuld”, sagte der Kursleiter zu den sterblichen Überresten und wandte sich uns zu.

“Wie oft soll ich es noch sagen? Nicht unter Eichen austreten! Buchen suchen. Birken finden. Linden. Pappeln. Haselnuß, hier kann jeder der mal muß. Doch die gute deutsche Eiche sah schon manch’ verdutzte Leiche. Merkt Euch das, ein für alle Mal! So, und jetzt sucht eine Plastiktüte für die Asche.”

Alle schlugen sich ins Dickicht, kehrten aber erst am Abend entmutigt und zerstochen mit leeren Händen heim ins Basislager.

Kein Wunder. Erst am Wochenende davor hatten die Mini-REPS ihr traditionelles Spanferkelessen in der Nähe abgehalten und anschließend das ganzs Sauerland gesäubert. Denn Umwelt ist ja überall.

Der Kursleiter stand vor einer schwierigen Entscheidung. Für den nächsten Tag hatten die Wetterfrösche orkanartige Stürme versprochen.

Bongos Asche mußte aber irgendwo verborgen werden, falls wir nicht riskieren wollten, daß sie in alle Himmelsrichtungen geblasen würde. Da half uns Irmi Schröder.

"Trainer", sagte die junge Polizistin, die bei der Drogenbekämpfung schon allerhand gelernt hatte, "wir könnten unsere Anti-AIDS-Condome mit Bongos Asche füllen und runterschlucken. Dann kann sie nicht mehr wegfliegen."

"Klasse, klasse", sagte der Kursleiter. "Aber riskant. Wir haben alle nur ein Kondom für den Notfall. Wenn das nun aber voll ist und auch nicht zur Hand, was dann, Irmi? Die Lust kennt kein Pardon. Die Seuche lauert auf Gelegenheit."

"Aber der Wald", wandte Irmi ein, "ist doch so menschenleer. Wir sind allein auf uns gestellt und haben doch ganz andere Probleme."

"Allein...", sagte der Trainer, "menschenleer.... UND WAS IST MIT DEN TIEREN? Noch nie vom Sauerländer BumsEber gehört, vom Schnallenberger DauerRammler, vom Lüdenscheider FickHörnchen?"

Davon hatte niemand was gewußt.

Der Baggerführer Walter mischte sich ein. "Wir könnten die Asche doch verbuddeln. Und wenn der Kurs zuende ist, wird sie abgeholt und Basta!"

"Verbuddeln ist gut", sagte der Tainer. "Verbuddeln ist immer gut. Wir verbuddeln die Asche. Und legen auf die Stelle einen großen Stein."

Alle waren einverstanden.

Bongos Asche wurde provisorisch verbuddelt. Einen Findling drauf, fertig!

"So", sagte der Trainer, "und jetzt wird Feuer gemacht. Sucht morsches Laub und weiches Holz!"

Irmi rieb sich verwundert die Ohren. Hatte der Trainer wirklich morsches Laub und weiches Holz gesagt?

Da aber die anderen schon fleißig suchten, machte sich auch Irmi an die Arbeit.

Schnell war ein Haufen angehäuft.

Gespannt blickten alle auf den Trainer.

Gleich würden wir erleben, wie zwei geübte Hände auf primitivste Art und Weise Feuer machten.

Der Trainer holte ein Einwegfeuerzeug aus der Westentasche und zündete den Haufen an.

Entsetzen machte die Runde.

“Du dumme Sau”, sagte Walter langsam.

Und Erwin, der Feinmechaniker wurde gleich grob. Er trat dem Trainer in den Hintern und verlangte sein Geld zurück.

Wind kam auf.

Der Kursleiter rappelte sich wieder auf die Beine und blies durch die Zahnreihen, daß es pfiff.

“Tut mir leid”, sagte er noch schmerzverzerrt. “Ich wollte euch wirklich nicht verarschen. Ich bin arbeitslos. Und meine Frau hat mich verlassen. Ich habe niemand mehr, der für mich sorgt. Da dachte ich ....”

“Hör auf!” jaulte Walter. “Wir sind doch kein soziales Nest!”

“Netz!” verbesserte Irmi.

“Danke”, sagte Walter und fühlte sich gleich besser. “Wir sind doch kein soziales Netz! Wir wollen ÜBERLEBEN lernen. Und zwar in einer EXTREMSITUATION.”

“Ich auch”, sagte der enttarnte Trainer.

Da traf Erwins zweiter Tritt.

“Hälst du endlich deine Fresse!” fauchte Erwin.

Und Walter deklamierte: “Wir wolln an unsre Grenzen. Wir wolln uns selbst erfahren. Unsre nackte Existenz.”

Der Trainer wollte etwas sagen, Erwins dritter Tritt kam schneller. Und härter als die beiden ersten.

Der Trainer rührte sich nicht länger.

Das Grüppchen stand um ihn herum. Und Irmi sagte: “Der ist hin. Wir müssen ihn verbuddeln.”

“Und wenn was rauskommt?” fragte ich. “Wir sollten es vertuschen.”

“Seht mal”, sagte Walter, “die dunklen Wolken. Hört ihr den Donner? Das Gewitter ist nicht weit. Warum setzen wir ihn nicht unter eine Eiche?”

“Bongo!” erinnerte sich Heinz. “Der Blitz wird ihn wie Bongo treffen. Und wir sind alle Sorgen los.”

Er zog dem toten Trainer die Hosen bis auf die Knöchel runter und lehnte ihn an eine fette Eiche.

Der Donner kam näher, und die ersten Tropfen fielen.

Alle fanden unter einer Birke Schutz.

Doch wie gesagt, es war die Zeit der Umwälzungen, der stetigen Veränderungen, der Unabwägbarkeiten. Wenige Tage nachdem ein mittelmäßiger Mann namens Buster Douglas den unbesiegbaren Mike ‘Iron’ Tyson in der zehnten Runde fällte, fuhr im Sauerland ein Blitz in eine popelige Birke.

Der Förster Uwe Doppelkorn fand einen Tag nach dem Kampf fünf verkohlte Leichen. Und zwanzig Meter weiter einen Mann mit schweren Kopfverletzungen.

Erst zog er dem Verletzten die Hose hoch. Dann holte er Hilfe.

Der Trainer überlebte, hatte aber sein Gedächtnis eingebüßt. Weder Schocks, Hypnose noch andere Psychotricks konnten einen Hinweis auf ein früheres Leben zutage fördern.

Sein Foto wurde überall gezeigt.

Niemand meldete sich.

Nicht mal das Arbeitsamt.

So bekam der unbekannte Mann einen neuen Namen.

Durch Vermittlung einer Krankenschwester kam er bei einem Pharmakonzern als Pförtner unter.

Die Arbeit war nicht schwer, erforderte aber Geduld und Pünktlichkeit. Und Sitzfleisch.

Aus den entgegengesetzten, sich ergänzenden Phänomenen des Kommens und des Gehens ergab sich ein besonderer Reiz.

Die Dürener Sublimation

Es ist nun fast sieben Jahre her.

Ich schrieb damals die Serie GEFLÜGELTE WORTE UND WER SIE ERFAND für eine bekannte deutsche Modezeitschrift.

An jenem Montag war ich unterwegs nach Düren, einer Stadt in Nordrhein-Westfalen, um den pensionierten Pädagogen Elmar Täppich aufzusuchen, den Entdecker des Jahrhundert-Vergleichs SO DOOF WIE SCHEISSE.

Zwar hatte ich mein Kommen telefonisch angekündigt, doch nicht daran gedacht, wie launisch große Persönlichkeiten bisweilen sind.

Frau Täppich öffnete die Tür.

Ich stellte mich vor. Sie schien sich an meinen Anruf zu erinnern.

Sie rief dreimal "Elmar" in den Flur.

Dann erschien ihr Mann, ein unscheinbares Kerlchen mit Minipli und grauen Augen.

Ich reichte ihm die Hand und holte aus meiner immergrünen Allzwecktasche die Marianne-Rosenberg-Autogramme. Zehn Stück, wie abgemacht.

Der Alte zählte sie genüßlich durch und sah dann wieder hoch.

"Zehn Stück, wie abgemacht", sagte ich.

"Was ist mit den anderen?" fragte er.

"Welche anderen?" gab ich zurück.

"Adamo", sagte er, "Karl Mildenberger, Dunja Rajter."

Mir blieb die Spucke weg. Davon hatte er am Telefon nichts gesagt.

Das sagte ich ihm freundlich und bestimmt.

Der alte Pädagoge sah mir in die Augen und kam näher.

Herr Täppich war mindestens 20 cm kleiner als ich, den Kopf mitgerechnet.

"85% unserer Stadt sind im 2. Weltkrieg zerstört worden. Alle historischen Gebäude! Und Sie kommen daher und lügen wie der Bundeskanzler."

Ich wurde rot.

Die Zusammenhänge waren mir nicht im geringsten klar. Aber ich wollte dieses Interview und deshalb gab ich nach.

"Entschuldigen Sie bitte", sagte ich. "Herr Täppich. Ich muß die anderen Autogramme bei meiner Freundin liegengelassen haben. Ich schicke Sie Ihnen per Eilboten, sobald ich wieder bei ihr bin. Und das mit den 85% tut mir schrecklich leid. Vor allem die historischen Gebäude, die tun mir am allermeisten leid."

"Das kann jeder sagen", meldete sich die Frau des großen Entdeckers zu Wort.

Ich wurde nervös.

"Was wollen Sie von mir?" rief ich.

Frau Täppich sagte: "Nichts."

Sie schloß die Tür.

Da stand ich nun im Winterwind und wußte nicht mehr weiter.

Sollte ich den ganzen Weg von Hamburg herunter ins Rheinland umsonst gemacht haben?

Ich spürte, daß mein guter Wille nicht mehr zu gebrauchen war und zückte meine Buttermilchpistole. Ich trat zwei-, dreimal gegen die Tür. Dann ging die Tür wieder auf.

Ich schoß auf das Pärchen bis die letzte Reservepatrone verbraucht war. Bewegungslos, triefend und weiß standen sie beide da.

Ich spielte mit dem Gedanken, ihre Starre auszunutzen, um die Wohnung mit Marmelade vollzuschmieren oder wenigstens das Schlafzimmer. Ich begnügte mich aber damit, die Briefmarkensammlung des Alten auf DIE SCHÖNE ZIGEUNERIN zu kleben, die im Wohnzimmer über dem Sofa hing.

Das dauerte volle zwei Stunden. Und weil ich Schwämmchen hasse wie die Pest, leckte ich jede Marke selbst.

Das Ehepaar Täppich hatte sich inzwischen zu mir an den Tisch gesetzt. Beide hatten ihre Brillen abgenommen, sich die Augen freigewischt und schmierten nun mit Wachsmalkreiden, die einem ihrer Enkel gehörten, alte Fotoalben voll.

Frau Täppich bemerkte, wie sehr meine Beschäftigung den Mund austrocknete. Sie stand auf und holte eine Flasche Apfelsaft und eine Flasche Gran Genever. Frau Täppich riet mir, beides zu probieren und beim Alkohol zu bleiben, weil Apfelsaft die Blase nur unnötig belaste.

Ich folgte ihrem Rat.

Bald schon schlug mein Haß in echte Sympathie für diese beiden gastfreundlichen Menschen um. Erst recht, als Elmar Täppich sein altes

Luftgewehr hinter dem Eichenschrank hervorzog und den Fernseher anmachte.

Die Sportschau lief.

Gerade war die Zusammenfassung vom Neujahrsspringen in Garmisch-Partenkirchen zu Ende. Heribert Faßbender wollte zu einem Sitzfußballturnier in Detmold überleiten, da legte Elmar auf den beliebten Moderator an.

Im letzten Moment gelang es mir, den Lauf der Waffe hochzureißen.

“Elmar”, schimpfte ich, “du machst doch nur den Fernseher kaputt. Denk an die anderen Kanäle. Denk an die schönen Spielfilme und die spannenden Quizsendungen. Die willst du doch nicht alle ausradieren, oder?”

Elmar setzte sich wieder hin und fing an, aus den Luftgewehrkügelchen einen superschlanken Turm zu bauen.

Ich traute meinen Augen nicht.

Nach wenigen Minuten hatte der Alte schon über 50 Projektile mit bloßen Fingern aufeinander gestellt. Mit traumwandlerischer Sicherheit erhöhte er sein Wunderwerk. Wären ihm die Kügelchen nicht ausgegangen, hätte er sie sicher bis zur Decke getürmt.

Die unglaubliche Kunstfertigkeit meines Gastgebers beeindruckte mich so sehr, daß ich kaum zu atmen wagte.

Auf Zehenspitzen entfernte ich mich vom Tisch und stellte mich in den Flur. Dort applaudierte ich vorsichtig, ging an den Tisch zurück und sah verzaubert das fragile Bleigebilde an.

Auch Elmar und seine Frau hatten die Blicke fest darauf geheftet.

Als hätte Frau Täppich meine Gedanken rätseln hörn, sagte sie zu mir: “Lernen kann man sowas nicht. Entweder man hat’s oder nicht.”

Ich nickte.

“Eigentlich”, sagte Elmar, “ist das eine Antenne. Über die Antenne empfange ich den größten Teil der Grippewellen. Mit Hilfe meiner Frau wandle ich sie in gute Taten, z.B. Mantawitze, um. Wenn sie mal keine Lust hat, ruf ich die Nachbarin von drüben. Im Prinzip sind alle Frauen prima Transformatoren.”

Ich versuchte meinen Ekel über diese sexistische Äußerung zu unterdrücken. Ich goß mir vom Genever nach. Wieder einmal zeigte sich wie nah Genie und Blödsinn beieinanderliegen.

“Elmar”, rief ich, “kannst du auch andere Krankheiten mit deiner Bleiantenne empfangen und umwandeln?”

“Ja”, sagte Elmar, “Seuchen aller Art, sofern sie wellenförmig auftreten.”

“Und wieso”, fragte ich weiter, “empfängst du nur Krankheiten?”

“Die Luft ist voll davon”, erwiderte der Alte. “Meinst du nicht, ich würde viel, viel lieber andere Sachen in die Stube holen? Irgendeine schöne Geistesstörung, poetische Turbulenzen, erotisches Beben oder sexuelle Störungen?"

Mir wurde schlecht.

Ich versuchte, mir ein erotisches Beben in Elmar Täppichs Stube vorzustellen.

Lächerlich.

Ohne große Umstände verließ ich das Haus des Erfinders, suchte mir ein Hotel und fuhr am nächsten Tag zurück nach Hamburg.

Ich habe über Elmar Täppich nichts geschrieben, es war mir alles viel zu peinlich.

Zwei Jahre schleppte ich dieses dämliche Erlebnis wie vier Zentner Rosendünger mit mir herum. Dann habe ich mich eines Tages beim Squash total verausgabt und es unter der Dusche einfach herausgeschrien.

Beim Trockenrubbeln fühlte ich mich sehr erleichtert, auch einsam, komischerweise. Aber hauptsächlich erleichtert.

Aus aller Welt

Tom und Jerry, die beiden Öleinfüllstutzen, waren echte Kumpel.

Im Westen Deutschlands taten sie seit Jahr und Tag ihren Dienst in der seitlichen Heizkellermauer einer Landesversicherungsanstalt.

Sie hatten keine Geheimnisse voreinander.

An einem schummrigen Oktoberabend gestand Tom seinem Freund Jerry in der letzten Zeit schmutzige Phantasien zu haben.

"Raus mit der Sprache", rief Jerry.

Tom sagte, er täume davon, eine Vagina zu sein.

"Alter!" rief Jerry. "Glaubst du wirklich, es ist schön, die Scheide einer Frau zu sein?"

"Woher soll ich das wissen?" fragte Tom "Ich träum' ja nur davon."

"Psst", flüsterte Jerry, "sei nicht so laut. Wenn uns die Stutzenchecker hörn, sind wir beide dran. Dann landen wir auf dem Schrott. Du kennst ja ihre Mentalität: DRECKIGE PHANTASIE = MATERIALERMÜDUNG. Zack! Schon sind zwei neue drin!"

"Von mir aus", rief Tom. "Ich kann kein Öl mehr riechen. Soll'n sie ruhig kommen und uns ausbaun."

"Du Egoist!" schrie Jerry.

Das hörte ein Stutzenchecker, der zufällig in der Nähe war. *Öleinfüllstutzen, die sich streiten, verbiegen sich wie nichts!* Dieses Knowhow aus dem ersten Lehrjahr beherzigte der Checker sofort.

Tom und Jerry wurden ausgewechselt. Sie landeten im Entsorgungszentrum Wartenburg.

Mit tausend anderen Stutzen lagen Tom und Jerry in Schnee und Regen im Sammelbecken HELGA ZWO und rosteten. Eines Tages kamen sie in einen schicken Container und fuhren übers Meer nach Kuba.

Ein findiger kanadischer Geschäftsmann ließ dort die Stutzen zu romantischen Räuberpistolen umbaun und vertickte sie in alle Welt.

Jerry ging nach Brasilien und wurde das Lieblingsspielzeug eines späteren Ökonomieballisten.

Tom verschlug es zurück über den Ozean nach Gelsenkirchen, wo ihn ein Lebensmitteltechniker für seinen Sohn Xylander zum Geburtstag kaufte.

Xylander schoß mit Tom alle Bösen tot. Dann schlug er ihn mit einem echten Hammer platt - wie Scheibenkäse.

Seine Mutter schimpfte.

Aber Vater sagte: “Laß ihn, Katy. Der wird bestimmt mal Pazifist.”

Da lachten alle Gäste.

Tom flog auf den Müll. Dort entdeckte ihn ein Wanderspekulant.

Er polierte Tom und trällerte dabei vergnügt:”Aus dir könnt’ mal was werden.”

Tom dachte gleich an seinen alten Traum und sagte: ”Bitte, eine schöne Scheide!”

“Ihr verflixten Rohre”, lachte der Wanderspekulant, “habt doch immer nur eins im Kopf!”

Der Wanderspekulant holte seine Allzweckzange und bog Toms Enden um. Ein Ende war Tom`s Mund gewesen. So war Tom jetzt stumm und der Wanderspekulant konnte in aller Ruhe aus ihm Glücksspiralen drehn.

Die Familie des Bösen

Sumura, die Tochter des Satans, traf eines Tages am Strand von Miami den Mann mit den zwei Gehirnen.

Sumura sagte: “Hallo, wie wär’s mit einem kleinen Spielchen?”
“Was denn?” fragte der Mann mit den zwei Gehirnen.
Sumura sagte: “Geschlechtsteilmemory.”
Sie mischte die Karten, legte sie aus und gewann drei Spiele nacheinander, ohne daß der Mann mit den zwei Gehirnen auch nur ein Pärchen ergattert hätte.

Sumura war durstig und rief: “Ich will was trinken!”
“Was denn?” fragte der Mann mit den zwei Gehirnen.
Sumura rief: “Baccardi!”
Aber der Mann mit den zwei Gehirnen rührte sich nicht von Fleck.
Da ging Sumura selbst zum Auto des Mannes, in der Hoffnung unter dem Ersatzreifen etwas Rum zu finden.
Sie öffnete den Kofferraum und sah, daß der Mann mit den zwei Gehirnen beide Organe dort vergessen hatte.
“Steve!” rief die Frau. “Rate mal, was hier im Kofferraum liegt!”
“Was denn?” fragte der Mann mit den zwei Gehirnen.
Da wurde die Tochter des Satans ungehalten.
Sie setzte sich ins Auto und düste in den Zoo von Miami.

Dort warf sie die Organe einem Löwen in den Rachen.
Das Tier war aus dem Häuschen: Zwei Gehirne an einem Tag!
Das hatte die Katze noch nie erlebt.
Sumura war zufrieden.

Als sie aus dem Raubtierhaus kam, saß der Mann mit den zwei Gehirnen auf einer Bank im Sonnenschein.

"Was denn?" rief Sumura. "Sie haben mich ohne Gehirne gefunden?"

"Ich brauche kein Gehirn", sagte der Mann. "Ich denke mit dem Herzen!"

Sumura bekam leuchtende Augen. Ein intelligentes Herz? Eins, das nicht nur schlagen kann?!

Sie lief zum Telefon und erzählte ihrem Vater von der Sensation.

"Sofort heiraten!" befahl der Satan.

Sumura heiratete also den Mann mit den zwei Gehirnen, ohne ihn zu fragen.

Sie machte ihn zu ihrem Sex-Sklaven und brachte ihm jede Menge fiese Tricks bei, die er als Immobilienmakler gut gebrauchen konnte.

Das Glück schien perfekt.

Da besuchte eines Tages der Satan das junge Paar und machte unmißverständlich klar, daß er Oma werden wolle.

"Pappi!" rief Sumura, "immer mußt du alles verkomplizieren! Weißt du, wieviel Arbeit Kinder machen? Und dann: Du als Oma! Das würde deinem Image schaden."

Der Satan blieb stur.

Er zog sich vor den Eheleuten aus und bewies, daß er seinerseits Tatsachen geschaffen hatte.

"Nun seid ihr dran", sagte er beim rausgehen und versengte mit seinem Schweif absichtlich Sumuras neue Perserkatze.

Das arme Tier lief panisch in den Wintergarten und krallte sich in Todesangst an den bunten Scheiben fest.

Sumura holte die Videokamera und hielt diese bewegenden Momente fest.

Drei Stunden später rutschte die Katze entkräftet in die Geranien. Seitdem war sie merkmürdig introvertiert.

Das trieb Sumara oft zu katzenfeindlichen Ausbrüchen.

"Laß sie", ergriff der Mann mit den zwei Gehirnen dann oftmals für das Tier Partei. "Die hat an was zu knabbern."

"Und wir?" fauchte Sumura dann. "Haben wir nicht an was zu knabbern?"

Sie meinte ihre Kinderlosigkeit.

Es verging kein Tag, an dem der Postbote nicht mindestens eine Karte brachte, mit lustigen Teufelchen drauf. Der Satan ließ nicht locker.

Schließlich entschied sich das Paar, einen Arzt aufzusuchen. Er untersuchte Sumura und ihren Mann nach neuesten Methoden. Organisch war alles in Ordnung, nur seelisch stellte der Fachmann Hindernisse fest.

Der Arzt war ein Freund des Satans. Er hatte Sumara schon als Baby gekannt und nahm sie zur Seite: “Kind, der Mann ist viel zu gut für dich. Aus Plus und Minus wird immer Plusminus oder umgekehrt.”

“Versteh ich nicht”, sagte Sumura. “Ich bin die Tochter des Satans. War immer ein durch und durch schlechtes Mädchen. Da müßten meine Erbanlagen dominieren, oder?”

“Ja”, sagte der Arzt, “rein theoretisch schon. Aber jede Praxis hat ihr Wartezimmer.”

Sumura fluchte.

“Was soll ich denn tun Herr Doktor?” fragte sie. “Mich scheiden lassen?”

“Aber Schätzchen!” beruhigte sie der Arzt. “Warum läßt du dich nicht von einem Gebrauchtwagenhändler begatten?”

Sumura schlug sich vor die Stirn: “Darauf hätt’ ich auch selber kommen können!”

“Natürlich”, sagte der Arzt, ein wenig beleidigt.

Vier Stunden später war Sumura schwanger und der Mann mit den zwei Gehirnen wunderte sich.

“Ich verstehe gar nicht, wieso du dir so sicher bist. Wir hatten doch die letzten vier Wochen nur Analverkehr.”

“Vertrau mir mein Schatz”, sagte Sumura.

Der Mann mit den zwei Gehirnen sah die Falschheit in ihrem Blick und die Verschlagenheit in ihren Zügen. Er küßte sie aber leidenschaftlich, denn seine Liebe war grenzenlos und größer als die Schlechtigkeit.

Nach dreizehn Monaten brachte Sumura einen Knaben zur Welt. Sie tauften ihn auf den Namen Joe Isuzu von Finsterwalde.

Bis zu seinem achzehnten Lebensjahr trug er Windeln. Mit siebzehn machte er den Führerschein und verstand sich wie alle Kinder am besten mit seiner Oma. Das hatte Konsequenzen.

Weil der Satan jede freie tausendstel Sekunde mit seinem Enkel verbrachte, immer öfter blau machte, ganze Krisengebiete einfach hängenließ und viele zarte Agressiönchen durch seine Schlamperei jämmerlich verkümmerten, wurde das Leben auf der Erde immer schöner.

Hunger, Krankheiten und Kriege wurden seltener und standen schließlich vor der Ausrottung.

Da forderten die Erzteufel ein Gipfeltreffen.

Es fand im Juni des Jahres 2000 auf einem Rugby-Feld in Hannover-Linden statt.

Die Erzteufel verlangten den Rücktritt des Satans.

Im Vorwort eines fetten Forderungenkatalogs formulierten sie: *Deine Bosheit ist nur noch für die Kameras! Du bist vernarrt in deinen Enkel! Und nicht mehr glaubwürdig!*

Der Satan hatte auf Glaubwürdigkeit noch nie etwas gegeben. Als Zeichen seiner Verachtung setzte er einen Riesenhaufen auf die Querstange des Rugby-Tores.

Dennoch wollte er es sich aus nostalgischen Gründen mit seinen Kumpanen nicht verderben.

Da er dicke Bücher haßte, und lesen sowieso, bat er die Erzteufel ihr Hauptanliegen knapp und mündlich vorzubringen.

Die Erzteufel verlangten ein Zeichen.

Er solle die Autos abschaffen, das Lieblingsspielzeug seines Enkels, um ihm das Herz zu brechen.

"Das ist zuviel!" rief der Satan. "Das könnt ihr nicht mit mir machen!"

Da warf der Vize-Satan ihm einen Engelsknochen vor die Füße.

"Abgesetzt!"

"Nein", rief der Satan, "so war das nicht gemeint! Wenn es sein muß, dann kann ich ganz der alte sein."

Mit einem einzigen Schwanzschlag löschte er in den Menschen die Liebe zum Automobil.

Innerhalb weniger Stunden waren alle PKW entsorgt. LKW und Busse dauerten etwas länger.

Joe Jsuzu von Finsterwalde sah entsetzt, was geschehen war und lief zu seiner Mutter.

Er legte seinen Kopf zwischen Sumaras teuflische Brüste und wollte weinen. Es ging nicht. Zu tief saß der Schmerz über den Verlust seiner Lieblinge.

Dann setzten die ersten Allergien ein.

"Die Luft", röchelte er. "Was ist mit der Luft?"

"Ja", rief Sumura. "Jetzt merk' ich's auch."

Und der Mann mit den zwei Gehirnen, gerade erst zurück von einem Segelturn, sagte: "Stellt euch vor, die Luft ist kaum noch verpestet!"

"So eine Schweinerei!" schrie Sumura und drückte Joe Isuzu ganz fest an sich.

"Fax meinen Vater an!" befahl sie ihrem Mann.

Als der Satan vom Zustand seines Enkels erfuhr, geriet er außer sich.

"Scheiß-Demokratie!" brüllte er durch die Gedärme des Universums, wo er sich gerade labte. "Das kommt davon, wenn zuviele mitreden wollen."

Und er beorderte die Erzteufel zu sich und schrie: "So ihr Waschlappen! Das habt ihr nun von eurer Mitbestimmung. Alle Kontinente haben bereits beim Weltentwicklungsamt den Kurortstatus beabtragt: Bad Afrika, Bad Asien - wo soll das enden?"

Er tobte und kam auf den zunächst abwegig scheinenden Gedanken, die Teufelsliga sei von Spionen des Müttergenesungswerks unterwandert.

Doch an der Reaktion einiger Erzteufel, die wie bestellt: "MÜTTER VERPISST EUCH, KEINER VERMISST EUCH!" skandierten, merkte er, daß Wut und Wahrheit provozieren können. Nach einem kurzen, heftigen Wortwechsel waren die Dissidenten entlarvt.

Sie wurden auf der Stelle mit Nivea eingecremt und ins Fegefeuer geworfen.

"So!" sagte der Satan zu den restlichen Erzteufeln. "Und nun laßt euch mal eine schöne Sauerei einfallen. Aber kommt mir nicht mit der Wiedereinführung des Autos; das Auto war mal meine Idee. Woll'n doch mal sehen, ob ihr wirklich so kreativ seid, wie es immer heißt."

Da steckten die Teufel ihre verkommenen Birnen zusammen und powerten mit aller Macht.

Meilenweit konnte man es rauchen sehen.

Die Menschen hielten es für einen riesigen Waldbrand in der GUS. "ARALSEE BRENNT!" lautete die Schlagzeile des Tages und strahlte durch das Sommerloch.

Joe Isuzu von Finsterwalde war lange depressiv. Dann lernte er in einem Fitnesscenter Radfahren und ging als Gen-Scout nach Brasilien.

Sumura, die Tochter des Satans, ist in letzter Zeit vor allem als Produzentin bayerischer Game-Shows in Erscheinung getreten.

Und der Mann mit den zwei Gehirnen mußte nach dem dritten Herzinfarkt endgültig kürzer treten und verriet erst kürzlich einer blutjungen Journalistin das Geheimnis seiner neuen Philosophie: "Ich mach mich nicht mehr so verrückt!"

Der Vetter von Mona Lisa

“Heute beißen die Fische aber besonders gut”, sagte der alte Maler Hoop und faßte sich ans Herz.

Der Pinsel glitt ihm aus der Hand. Vorbei. Ein Künstler weniger.

Und was stand auf der vollgesuppten Staffelei?

Ein Sonnenuntergang.

“Seht mal Kinder!” rief Hoops Schwester Elisabeth, die alles erben wollte, bei der Nachlaßsichtung. “Sein letztes Bild! Schön, aber unvollendet. Das könn’ wir in die Tonne haun.”

“Vorsicht!” riefen da die Kinder. “Die Farbe ist noch gar nicht trocken. Laß stehn. Das eilt ja nicht.”

Dann sahen sie alle zusammen erstmal die Akten durch. Der Sonnenuntergang konnte in aller Ruhe von der Staffelei hüpfen und sich durch die offene Tür in den Garten flüchten.

Da sah er, daß es Frühling war. Die Bäume blühten weiß und rosa, das Grün war gelb, der Himmel blau, die Sonne lachte und unterm Ginster stand ein blasser Gartenzwerg.

Er weinte.

“Was hast du?” fragte der Sonnenuntergang.

“Ich war den Winter über draußen”, klagte der kleine Mann, “das hat mich alt gemacht.”

Der Sonnenuntergang blickte mitleidig auf die blaue Glockenblume zwischen den Beinchen seines Gegenübers.

“Komm mit!” sagte er dann. “Der nächste Winter kommt bestimmt.”

“Wohin?” fragte der Gartenzwerg.

“Meine Kusine wohnt in Paris”, sagte der Sonnenuntergang. “ Da könnten wir fürs erste unterkommen.”

“Nicht schlecht”, sagte der Gartenzwerg. “Aber wovon solln wir leben? Die Reise wird ein Weilchen dauern.”

“Striptease”, sagte der Sonnenuntergang. “Du stellst dich in den Städten vor mich hin, ich summe, sagen wir mal, ‘Wenn es Nacht wird in Harlem’, du ziehst dich langsam aus. Die Leute bleiben stehen und nachher gehst du mit der Mütze rum.”

Ganz schön clever, dachte der Gartenzwerg. Ich soll mich ausziehn, er bleibt im Hintergrund. Aber was bleibt mir übrig? Wenn man so untalentiert ist wie seine Vorfahren, heißt es zugreifen.

Das seltsame Duo setzte sich in Bewegung und als es Abend wurde, kam die Müdigkeit.

“Die Straße nimmt kein Ende”, hechelte der Sonnenuntergang. Der Zwerg hatte sich einen Wolf gelaufen. Sie beschlossen, das nächste Auto anzuhalten und setzten sich an einen Kilometerstein, schliefen aber vor Erschöpfung ein.

Als sie wieder aufwachten, stand ein angeknackster Bumerang vor ihnen. Er suchte Anschluß.

“Wir sind nicht die Bremer Stadtmusikanten”, sagte der Sonnenuntergang.

“Ich auch nicht”, erwiderte der Bumerang.

Da beschlossen die drei, Freunde zu werden.

Nach zwei Tagen kamen sie an eine stillgelegte Raststätte und verliebten sich in deren Charme.

“Hier bleiben wir fürs erste”, beschloß der Sonnenuntergang. Er legte sich in den Schatten einer ausgemusterten Leitplanke und genoß die Helligkeit des Tages.

Während sich der Bumerang mit einem verwitterten Streusalzdepot anfreundete, hörte der Gartenzwerg beim Wasserlassen unter sich etwas knacken.

Er zog die Hose hoch und schob das Laub beiseite.

Zum Vorschein kam ein guterhaltenes Skelett. Es gähnte wie ein Mensch und richtete sich auf.

“Ich bin der Führer”, sagte es deprimiert.

“Du meinst wohl das Skelett des Führers”, korrigierte der Gartenzwerg.

“Klugscheißer”, sagte das Skelett.

Dann stellte der Gartenzwerg den grauenhaften Fund seinen Freunden vor.

“Schon viel von dir gehört”, sagte der Bumerang.

Der Sonnenuntergang wurde grün vor Abscheu.

“Das ist unser Platz hier”, sagte er mit seiner tiefsten Stimme.

Das Skelett des Führers winkte ab.

“Blödsinn,” sagte es. “Der Platz gehört dem deutschen Volk bzw.

der Autobahnmeisterei. Wegen der vielen Unfälle beim Eingliedern, haben sie ihn stillgelegt. Da hab' ich mich hier eingenistet."

"Was ist das?" fragte der Gartenzwerg. "Eingliedern?"

Das Skelett des Führers erklärte den Begriff. Der Sonnenuntergang spürte, wie sehr der Gartenzwerg die Intelligenz seiner Entdeckung bewunderte.

Auch der Bumerang, der ja nichts gelernt hatte, außer immer wieder in schönen weiten Bögen zu seinem Werfer zurückzukommen, war beeindruckt.

"Hör mal", fragte der Sonnenuntergang das Skelett, "kannst du Auto fahrn?"

"Ich hab' sogar den Führerschein", sagte das Skelett.

"Paß auf", flüsterte der Sonnenuntergang, "ich hab' da einen Plan."

Und schon erläuterte er ihn.

Gleich am nächsten Tag hatten die Freunde Glück.

Ein Fernfahrer mußte seinen Scania, zum Notstop, auf den Rastplatz lenken.

Weil er todmüde war, schlief er gleich nach dem Anhalten hinter dem Steuer ein, noch bevor er den Motor abgestellt und das defekte Rad gewechselt hatte.

Die Freunde legten den Ersatzreifen auf und versteckten sich, bis auf das Skelett des Führers.

Seine Aufgabe war es, den Fernfahrer zu wecken, ihn zu erschrecken und in die Flucht zu schlagen. Dabei sollte der Bumerang ihn streifen, zum Gartenzwerg zurückkehren und gemeinsam mit dem Sonnenuntergang, der für die Koordination zuständig war, den LKW entern.

Als sie den Fernfahrer im Tiefschlaf wähnten, machte das Skelett sich auf und pochte an die Windschutzscheibe.

Nichts rührte sich.

Es pochte heftiger.

Zwei Finger brachen ab. Nun schlug es mit der Stirn gegen die Scheibe, um sich nicht die ganzen Hände zu ruinieren.

Die Lichter gingen an.

Der Fahrer kroch aus seiner vollklimatisierten Koje, sah das Skelett und legte sich gleich wieder hin.

Er hatte schon so viele Horrorvideos gesehen. In seinen Träumen regnete es Blut an ganz normalen Tagen. Skelette ödeten ihn an. Er zog den Vorhang wieder zu und träumte weiter.

"Mach weiter," rief der Sonnenuntergang, als er sah, daß das Skelett des Führers innehielt. Das Skelett schlug weiter seinen Schädel an die Scheibe, bis es knackte.

Der Knochenmann wurde ohnmächtig.
Der Bumerang bugsierte ihn hinter einen Haufen Granulat.
Der Gartenzwerg weinte und alle legten sich zum Schlafen hin.

Erst gegen Mittag wurden sie wach.
Der LKW war weg.
"Versager", sagte der Sonnenuntergang und sah verächtlich das Gerippe an.
"Seht mal," fuhr er fort, "der Kopf hat einen Sprung."
Nun sahen es auch die anderen.
Das Skelett stand auf und ging, erst langsam und dann immer schneller.
Es rannte auf die Autobahn und wurde gleich vom ersten Auto überrollt, vom zweiten auch.
Was übrigblieb war Rollsplitt.
"Glaubst du wirklich, daß es das Skelett des Führers war?" fragte der Gartenzwerg den Sonnenaufgang.
Der sagte nur: "Ach was", und warf sich auf den Bumerang, aus Geilheit oder Übermut. Vielleicht auch nur aus Albernheit. Das ist bei einem Kunstwerk schwer zu sagen.

Der blaue Vogel

Über den blauen Vogel ist schon so viel geredet und geschrieben worden, daß es weh tut, noch mehr zu hören und zu lesen. Aber die Wahrheit ist nun manchmal schmerzlich. Und um die Wahrheit geht es hier. Die nackte Wahrheit, in Farbe und als Poster.

Geboren wurde der blaue Vogel Ende Mai des Jahres 1966.

Seine Mutter, die faule Else, hatte keine Lust gehabt, die beiden Eier auszubrüten, die sie in ein verlassenes Kuckucksnest gelegt hatte. Lieber machte sie mit dem Eichelhäher Ingo die Gegend um das Wedaustadion in Duisburg unsicher und schlug sich mit dem Uhu Achmed die Nächte um die Ohren.

Bei einem Routine-Rundgang entdeckte der städtische Oberförster Heidemann, früher Nationalverteidiger des Meidericher Sportvereins, die zwei arschkalten Eier. Er nahm sie mit nach Hause und legte sie auf das Heizkissen seiner Frau Elisabet, die alle Sissy nannten.

Als nach vierzehn Tagen der blaue Vogel die weiße Schale mit einem leisen Fluch durchbrach, rief sie: "Ich werd' verrückt! Ein Birdie!"

Ihr Mann nahm das Küken hoch und brachte es unter die Dusche. Er bestimmte sein Geschlecht.

Als er wieder ins Wohnzimmer kam, hatte Sissy für das Vogelbaby bereits einen vollelastischen hellblauen Matrosenanzug gehäkelt, den sie ihm andächtig überstreiften.

Zehn Minuten später kam auch das Brüderchen des blauen Vogels zur Welt. Aber als der Oberförster Heidemann feststellte, daß er ein Mädchen war, kühlte die Begeisterung des Paares mächtig ab.

Sissy häkelte ihm zwar noch ein schönes rosa Kleidchen, aber es war viel zu knapp und auch nicht elastisch.

Dann setzten sie das Küken im Schutze der Dunkelheit auf dem

Geländer der nahegelegenen Sportschule aus und riefen: "Mit Inzucht ham wir nichts zu tun!"

Es ist noch viel darüber spekuliert worden, ob die später auftretenden Verhaltensauffälligkeiten des blauen Vogels mit diesem frühen Verlust seiner Schwester zu tun hatten. Doch liegt auch diese Vermutung wie so vieles nur im Bereich des Möglichen, der, wie wir wissen, nach allen Seiten offen ist und dessen Zentrum in etwa angedeutet wird durch jenen legendären Meilenstein der Quantenkunde: *Kann sein, muß aber nicht*.

Der blaue Vogel wurde schnell erwachsen und seine Adoptiveltern hatten alle Hände voll zu tun, ihren Sprößling zu ernähren.

Er aß nur Schabefleisch.

Um diesen teuren Spaß zu finanzieren, mußte Sissy auch noch ran, was freilich bei ihrem schauspielerischen Talent nicht weiter tragisch war.

Es gelang ihr, etliche interessante Komparsenjobs an Land zu ziehn. So unter anderem für Schulmädchenreport Teil 1-3 und für die unvergeßliche Fernsehproduktion Lederstrumpf mit Hellmut Lange in der Titelrolle. Einem größeren Publikum ist sie aber vor allem durch ihre hinreißende Interpretation des Ben Gun in dem vierteiligen Straßenfeger 'Die Schatzinsel' bekanntgeworden, in dem sie ihre ganze Verwandlungsfähigkeit ausspielte.

Natürlich war diese Arbeit nicht nur schön und reizvoll, sondern auch mit exzessivem Reisen und großem Zeitaufwand verbunden.

Genau auf diesem Punkt hackte Sissys Mann an jedem Wochenende herum.

"Du bist ja nur noch unterwegs! Nennst du das Familienleben?"

Sissy hielt dagegen: "Ich tu's doch nur für ihn."

Sie zeigte auf den blauen Vogel und dicke, verlogene Tränen rollten über ihre frischen Wangen.

Scheidung lag in der Luft.

Bevor es dazu kommen konnte, schlug das Schicksal einfach zu.

Als der blaue Vogel wieder mal allein zu Hause war und vor Langeweile die Schwedenrätsel seiner Pflegeeltern löste, kamen Einbrecher vorbei, um das Ersparte abzuholen.

Einer von ihnen war der Hühnerficker Karl. Ein Sohn aus gutem Hause, dem die Kälte seines Vaters und die Migräne seiner Mutter auf die schiefe Bahn geholfen hatten.

Er verliebte sich auf der Stelle in den blauen Vogel. Und weil der blaue Vogel gerade pubertierte und aufgeschlossen war für alles, was mit Sex zusammenhing, ging er gerne mit, nicht ohne Wehmut, aber mit jauchzendem Herzen.

Karl war gut zu ihm. Das Schabefleisch stand achtmal täglich auf dem Tisch. Das klare kalte Wasser auch.

Der blaue Vogel kam viel rum. Von Flensburg bis nach Füssen.

Wären Karl und seine Bande nicht im Winter 70 bei Hanau in eine Radarfalle geraten, wobei die Polizei im Kofferraum den Bankangestellten Hilmar K. fand, eine Geisel vom letzten Überfall, hätte sich das schöne Tier vielleicht sogar in seinen väterlichen Freund verliebt. Wir kennen ja solche Fälle.

Nun war der Vogel vogelfrei.

Das hieß nichts anderes, als selbst fürs Schabefleisch zu sorgen!

Der blaue Vogel schloß sich einem Wanderzirkus an. Er lernte auf dem Seil zu balancieren, durch brennende Reifen zu fliegen und auf Elefanten Purzelbäume zu schlagen.

Die Hauptattraktion war der Handstand auf der Löwenschnauze. Angeblich einzigartig auf der ganzen Welt.

Was aber beim Kanzlerfest 1975 die Frau des damaligen Bundeskanzlers besonders beeindruckte, war die musikalische Darbietung des blauen Vogels.

Er pfiff 'Im Märzen der Bauer'. Alle drei Strophen und ohne Aussetzer.

Loki war angetan und die Öffentlichkeit hingerissen.

Die Bild-Zeitung dichtete: *Blauer Vogel, flieg nach Bonn, deine Loki wartet schon.*

Aber der blaue Vogel war ja noch vertraglich an den Zirkus gebunden.

Er liebte seine Arbeit sehr.

Bei einem Ungarn-Gastspiel wurde der blaue Vogel nach einer Gala in Györ von einem blendend aussehenden Kulturoffizier angesprochen.

Es war Liebe auf den ersten Blick.

Der blaue Vogel wurde süchtig.

Nach jeder Vorstellung erwartete er Cerni, so hieß der Offizier, mit bebendem Herzen. Und wenn der junge Mann aus seinem Köfferchen die Geige hervorholte und sie im Duett 'Wenn alle Brünnlein fließen' hinterm Raubtierkäfig still und innig an den Abendhimmel hängten, brachen alle Dämme im Innersten des Tieres. Die Gefühle überschlugen sich wie sonst nur noch Ereignisse.

Die Tournee durch Osteuropa wurde ein großer Erfolg.

Überall jubelten die Menschen dem Zirkus zu und wollten ihn gar nicht weiterziehen lassen.

Sie riefen: “Bleibt doch noch ein Weilchen, ohne euch ist unsere Welt so grau.”

Dann schossen dem Direktor regelmäßig die Tränen in die Augen.

Er nahm die schwarze Brille ab und sprach mit zittriger Stimme: “Ihr lieben Leute! Wie gerne würden wir hier bei euch bleiben, um euch den Alltag zu versüßen. Aber erstens habt ihr kaum Devisen. Und zweitens sind wir ein Wanderzirkus und müssen immer weiterziehn.”

Das leuchtete den Menschen ein.

Sie gingen heim und lebten weiter, während der Zirkus in die wohlverdiente Winterpause ging.

Der blaue Vogel war traurig.

Die Wochen rannten um die Wette und keine Nachricht von Cerni. Kein Briefchen. Nichts.

Dann kam der Heilige Abend. Der blaue Vogel schaute unter seinen Tannenbaum ohne Hoffnung, irgendwas zu finden. Seine Kollegen und Freunde vom Zirkus waren allesamt nach Ibiza geflogen.

Aber was war das?

Da lag tatsächlich eine Tüte mit der Aufschrift: *Vorsicht! Broiler!*

Dem überraschten Tier rutschte vor Freude fast das Vogelherz in die Magengrube. Es öffnete die Tüte vorsichtig und fand zwei Kilo feinstes Schabefleisch, eingewickelt in Geheimpapier.

“Cerni!” rief der Vogel.

Aufgeregt laß er die krakelige Schrift.

Darling, ich in großer Bedrängnis, stand da. *Meine Vorgesetzten haben von unserem Verhältnis Wind gekommen. Hilf mir.*

“Wie denn?” fragte der Vogel automatisch und las weiter.

Ich brauche unbedingt die Afri-Cola-Formel, sonst bin ich tot wie Trotzki.

Der blaue Vogel wußte zwar nicht, wer Trotzki war, spürte aber den Ernst der Lage des Geliebten.

Fieberhaft überlegte er, wie er die Afri-Cola-Formel herausbekommen könnte.

Er sprang zum Telefon und rief den Imagepfleger an. Auf grundnaive Art erklärte der Vogel den Sachverhalt.

“Herr Vogel”, sagte der freundliche Mann, “das ganze Drum und Dran interessiert mich überhaupt nicht. Das hätten Sie sich ruhig sparen können. Sie fragen nach der Afri-Formel und ich sage Sie Ihnen: PEPSI HOCH ZWEI.”

“Ach, danke”, sagte der Vogel. “Tausend Dank.”

“Oh, bitte”, sagte der Imagepfleger. “Tausend Bit.”

War es die Aufregung oder die überdeutliche Aussprache des netten Menschen gewesen? Jedenfalls hatte der blaue Vogel nicht Pepsi, sondern Pippi verstanden. Die Freude über den schnellen Erfolg seiner Bemühungen hatte das Tier unkritisch gemacht.

Am nächsten Tag sollte der blaue Vogel sich mit einem Freund seines Geliebten im Hinterzimmer einer Wechselstube an der deutsch-dänischen Grenze treffen.

Der blaue Vogel betrat den gutbeheizten Raum und war verwundert, niemand anzutreffen.

"Hallo", rief er, "ist denn keiner hier?"

Da kam eine ältere Frau aus dem Nebenraum, auf dessen Tür 'Privat' stand.

Sie leckte sich die Zähne und machte auf den Vogel einen frischen Eindruck.

Er sagte:"Ich suche Sören Sörensen."

Die Frau setzte sich hin und fragte: "Warum sind die deutschen Care-Pakete so schwer?"

Zuerst begriff der Vogel diese Frage nicht. Im Brief hatte nichts von irgendwelchen Parolen gestanden. Aber sein unkomplizierter Zugang zu Selbstverständlichkeiten ließ ihn auch diese Klippe elegant umschiffen.

Als die Wechseltante ihre Frage schärfer als das schärfste Sambal-Oelek wiederholte, sagte der blaue Vogel cool: "Wegen der QUELLE-Kataloge."

Die Frau zeigte gelangweilt auf die Tür zum Hinterzimmer, wo Sören Sörensen den blauen Vogel gespannt erwartete.

"Cognac?" fragte er ungeduldig.

"Nein danke", sagte das Tier, "aber wenn Sie ein Portiönchen...."

"Na klarö!" rief der fesche Däne und zog aus dem Kühlschrank ein silbernes Tablett. Darauf lag meisterlich mit Petersilie und Karottenkügelchen garniert eine undefinierbare bräunliche Pampe.

Der Vogel wich entsetzt zurück.

"Was ist das?" schrie er angewidert.

"Schabenfleisch", antwortete Sören Sörensen. "Mir wurde mitgeteilt ..."

"Ein N zuviel!" sagte der Vogel deprimiert.

"Entschuldigen Sie", sagte Sören Sörensen, "aber Pannen kommen vor, da darf man nicht verzagen. Wird nicht wieder vorkommen. Das verspreche ich Ihnen."

Er steckte sich eine dicke filterlose französische Zigarette ins Gesicht.

"So, und nun zur Sache. Haben Sie die Formel?"

Der blaue Vogel nickte.

“Geben Sie her”, sagte Sörensen.
“Nicht nötig”, sang das Tier. “Ich kann sie auswendig.”
“Alle Achtung”, rief Sörensen. “Schießen Sie los.”
“PIPPI HOCH ZWEI”, sagte der blaue Vogel.
“Wie bitte?” fragte Sörensen.
“PIPPI HOCH ZWEI”, sagte der blaue Vogel.
Der vermeintliche Skandinavier mußte sich hinsetzen.
Er war blaß geworden und mit einem Schlage stark gealtert.

Der Vogel verließ die Wechselstube in der Gewißheit, ganze Arbeit geleistet zu haben und bald den geliebten Menschen wieder unter die Fittiche nehmen zu können.

Doch während er seinen Bungalow fürs Wiedersehen aufpolierte, ging die Entwicklung im Osten voll nach hinten los.

Der demoralisierte Sörensen schrieb, bevor er sich den Kugelschreiber in die Schläfe bohrte, seinem Vorgesetzten einen schonungslosen Bericht über jene Vorgänge in der Wechselstube mit dem verzweifelten Resümee: *Der Westen nimmt uns nicht für voll*!

Diese schockierende Erkenntnis, die schon immer in den Köpfen vieler Menschen jenseits von Helmstedt als dunkle Ahnung gehaust hatte, zog weite Kreise.

Führende Persönlichkeiten wurden schlagartig senil und das Volk aufmüpfig.

Es schickte die romantischsten seiner Mitglieder hinaus auf alle Straßen, um sich Luft zu verschaffen. Die Luft der großen, weiten Welt.

Was dann kam wissen wir alle. Es ist längst schon Geschichte.

Deutschland wurde endlich wieder groß.

Der blaue Vogel aber wartete vergeblich auf ein Überlebenszeichen seines Ein Und Alles.

Eines Abends während der Tagesschau bekam er beim Anblick eines Politikers komische Gefühle.

Aber wer hat das nicht schon mal erlebt: Wir sehen ein Gesicht, ein Augenpaar, vielleicht auch nur ein unbestimmtes Lächeln, ein Fältchen für Sekunden und es erinnert uns an den und die, wenn’s hochkommt, an die große Liebe. Und wir genießen diesen göttlichen Moment. Schließen vielleicht die Augen kurz. Schon ist die Ampel grün und weiter geht’s.

So machte auch der blaue Vogel die Augen zu und blickte in die Zukunft.

Sie schien ihm sonnenklar und er verschwand auf Nimmerwiedersehn. Niemand weiß wohin.

Das ist die Wahrheit. Nicht die ganze wohlgemerkt, das wäre auch ein bißchen viel.

Und wer sich fragt: “Was ist aus ihm geworden, dem blauen Vogel?” Der sollte sich die Frage aller Fragen zum Schluß gefallen lassen.

“Sag mal, hast du keine andere Sorgen?”

Frau Robinson

Helga hatte sich im Garten eine Insel aus Sand gebaut und exotische Gewächse angesiedelt.

Gerade war sie dabei, den Keller für ihre Hütte auszuheben, als die Bauaufsicht anrückte und Helgas Spaten beschlagnahmte.

"Was soll das?" rief die impulsive Frau, "ich will meine Palmenburg bis heute Abend fertig haben!"

Die beiden Männer schüttelten synchron die großen Köpfe hin und her.

"Es ist verboten, eine Insel im Garten zu errichten." "Weil", nun sprach der kleinere der beiden, "wenn das Meer Wind davon bekommt, will es die Insel sicherlich besuchen, um sie kennenzulernen."

"Na wenn schon", sagte Helga, "das ist sein gutes Recht! Kommen Sie bitte mit, ich möchte Ihnen etwas zeigen!"

Helga führte die zwei Männer auf den Dachboden ihres weißen Häuschens, der in Wirklichkeit der DACHBODEN DER LEIDENSCHAFTEN war.

Sie holte einen Eimer aus der finstersten Ecke und bat den kleineren der beiden, sich den Eimer genauer anzusehn.

Der gemütliche Mann blickte auf den Grund des Eimers und rief: "Au wacka! Da unten steht Napoleon!"

"Was sagst du da?" rief der andere Mann und kniete sich hin. Er starrte in den Eimer und wurde blaß.

"Napoleon", murmelte er abwesend, "so klein, so winzig! Warum haben Sie ihn in den Eimer verbannt?"

"Weil er mich hauen wollte," sagte Helga. "Erst werde ich dich hauen, hat er gesagt. Und dann die ganze Welt."

Die beiden Männer lachten: "Ja, ja, so ist Napoleon. Immer hat er etwas vor. Aber sagen Sie uns bitte, was das Ganze soll. Einen Napoleon haben wir alle zu Hause, wenn auch nicht unbedingt in einem so ätzenden Eimer."

"Ätzend?" fragte Helga, "wieso ätzend?"

"Weil er von Liebe und Leid erzählt", sagte der Mann. "Legen Sie Ihr Ohr nur auf seinen Rand. Dann können sie es hören."

Helga kniete sich neben den Eimer.

"Stimmt", flüsterte sie, "er erzählt von Liebe und Leid. Aber ich verstehe noch nicht, was daran ätzend sein soll."

"Ich bitte Sie", rief der Mann, "wie kann ein Eimer denn von Liebe und Leid eine Ahnung haben?"

"Was weiß ich", sprach Helga, "vielleicht sind Eimer schlimmer als Menschen."

"Schlimmer?" fragte nun der Größere von beiden, "wie meinen Sie das?"

"Raus jetzt", sagte Helga laut, "ich muß meine Palmenburg bis heute Abend fertig haben!"

Da fiel der Kleinere von beiden hin und blutete am Kinn. Er wollte es an Helgas Bluse stillen.

"Was fällt Ihnen ein", rief Helga, "ihr blödes Kinn an meinem Busen abzuwischen?"

"Selber schuld", sagte der Mann. "Warum ziehen Sie auch eine blutrote Bluse an, da denkt ja jeder gleich: 'Au fein, da fällt mein Blut nicht auf!' "

Helga sah den Mann mit Befremden an und bat seinen Kollegen um eine Zigarette.

Er öffnete die Schachtel, hielt sie Helga hin und gab ihr Feuer.

Sie nahm einen tiefen Zug und blies den Rauch hoch in die Luft.

Die Schwaden legten sich auf eine Herde Sauerstoffchaoten und träumten einen blauen, braunen Traum.

"Danke", sagte Helga und suchte die beiden Männer.

Die Männer waren fort.

"Männer!" rief sie. "Wo seid ihr?"

Sie ging an ihren kleinen Fischteich und fragte den alten Goldfisch Ben, ob er die Männer gesehen habe.

Er blubberte: "Nein, aber es könnte sein, daß sie die Gelegenheit zu einer religiösen Erfahrung nutzen wollten. Hast du schon am Denkmal der unbekannten Regungen gesucht?"

Helga lief los und fand die beiden im Schatten des Denkmals. Sie saßen nebeneinander und lächelten ins Nichts.

"Hab ich's mir doch gleich gedacht!" rief Helga schon von weitem. "Ihr seid Anhänger der gegenstandslosen Liebe!"

“Richtig”, sagten die Männer und lächelten weiter.

Helga ging zurück zu ihrer Insel und weinte.

“Das ist jetzt schon der siebente Spaten in sieben Tagen”, schluchzte sie, “die Brüder kennen keinen Sonntag!”

Helga hob eine Handvoll Erde aus dem Grund und legte sie, um die Bodenbeschaffenheit noch einmal zu analysieren, unter ihr Moraloskop.

Sekunden später hatte der Petri-scanner seine Arbeit getan. Die Last-Service-Unit spuckte das Ergebnis aus.

Viele Steinchen gut und viele Steinchen schlecht.

Typischer Mischboden!

Helga atmete auf.

“Idealboden wär’ mir zwar lieber”, dachte sie, “aber mit Mischboden kann ich auch leben.”

Dann ging sie in ihr Dig-Depot, einen neuen Spaten holen.

Echte Schmerzen

Wir standen vorm IDOLE-SHOP und konnten uns nicht entscheiden.

“Weißt du was”, sagte Andrea in den Wind, “geh’ du nach Westen, ich lauf nach Osten! Wenn wir uns einmal wiedersehn, wird alles nichts mehr kosten.”

Sie konnte so schön reimen, auch spontan!

Leider habe ich sie kurze Zeit später aus den Augen verloren, weil sie mit ihrem Mann, einem Grundwasserspezialisten, nach Holland zog.

Geschrieben haben wir uns nie. Und vergessen hatte ich sie auch schon.

Aber heute fiel mir dieses Foto beim Ausmisten auf.

Es zeigt uns zwei von hinten vor dem Schaufenster des IDOLE-SHOPS.

Ich fragte mich, wer es wohl geschossen hatte, denn ich konnte mich an keine dritte Person erinnern.

Nach einigem Überlegen konnte ich mich auch an dieses Foto nicht erinnern.

Ich hatte es vorher noch nie gesehn.

“Siehst du”, sagte ein Ignorant aus nächster Nähe, “wieder so eine Geschichte, von der du gar nichts weißt.”

Wir lachten beide herzlich.

Ich hatte ihn noch nie gesehn.

Er war mir auf Anhieb sympathisch.

Wir sprachen über das Wetter und das Licht, das Sehvermögen und den Wechsel der Gezeiten.

Es stellte sich heraus, daß wir die gleiche Postleitzahl hatten. Und ein Faible für Fußball.

Wir verabredeten uns für den nächsten Samstag am Imbiß GLÜCK IM SPIEL. Von dort aus wollten wir zusammen ins Stadion gehen.

Ich war pünktlich, trank ein Bier, aß einen Fleischspieß und genoß die zuversichtliche Stimmung der Fans, die vorüberströmten.

Ich aß noch einen Fleißspieß, trank noch ein Bier und wurde ungeduldig.

Das Spiel fing an. Ich mußte mich beeilen, nichts zu verpassen.

Auf der Tribüne mußte ich an den Ignoranten denken.

Hatte er mich versetzt? Oder war ihm etwas dazwischen gekommen? War ihm vielleicht etwas zugestoßen?

Ich fing an, mir Sorgen zu machen.

Meine Elf geriet durch ein Eigentor in Rückstand, konnte aber vor der Pause durch einen sehenswerten Distanzschuß des Manndeckers Waldi Tacker ausgleichen.

Meine Unruhe trieb mich in der Pause ans Telefon.

Der Ignorant hatte mir seine Nummer auf die Zunge tätowiert, steril und professionell. Das hatte mir imponiert.

Jetzt aber merkte ich, wie unpraktisch es war, eine Telefonnummer auf der Zunge zu haben.

Ich bemühte mich vergeblich, die Zahlen zu erkennen.

Zuletzt mußte ich einen Anhänger der gegnerischen Mannschaft, der auch telefonieren wollte, um Hilfe bitten.

Er sah mich feindselig an und verschwand ohne ein Wort.

Die zweite Halbzeit war schon angepfiffen worden.

Ich war hin und her gerissen.

Sollte ich einen Ordner fragen, oder lieber gleich zur Wohnung des Ignoranten fahren?

Ich verließ die Sportarena und fuhr auf schnellstem Weg zu der Adresse, die mir mein neuer Bekannter angegeben hatte.

Die Wohnungstür stand offen. Ich fand den Ignoranten in seinem Bett. Gefesselt und geknebelt.

Ich rief: “Was ist geschehn?”

“Die Serben”, stöhnte er, “die Serben.”

Er zeigte auf den Fernseher.

“Diese Teufel!” schrie ich.

Sie waren tatsächlich aus dem Fernseher gekommen und hatten dem Ignoranten die Hoden abgerissen.

“Aber warum?” stammelte ich entsetzt. “Warum?”

“Das falsche Programm”, stöhnte der Ignorant.

“Wollten Sie lieber DER KLEINE DICKE MIT DEM GROSSEN LANGEN sehn?” fragte ich.

Der Ignorant nickte.

Kraftlos lag er auf dem Boden. Seltsam verdreht.

Nie werde ich den Ausdruck seiner Augen vergessen. Das Grauen ihrer rasenden Pupillen.

Und manchmal frage ich mich, warum er die Schmerzen nicht einfach ignorierte.

Dann sage ich mir immer: “Ja, das waren seine eigenen”.

Wie das Unglück in die Welt kam

Ein weltfremder Butler hatte sich mit seinem virtuellen Schlauchboot zu weit aufs Meer hinausgewagt.

Die Wellen wollten ihn verschlingen. Doch das Wetter spielte nicht mit.

Es flüsterte: "Ich bin schön."

Der Golfstrom trug den Butler an die Küste eines unbekannten Kontinents.

Die Eingeborenen begrüßten den Fremden freundlich aber distanziert.

Der Butler sagte: "Ich bin von Durst und Hunger gebeutelt!"

"Hast du Geld?" fragten die Eingeborenen.

Da leerte der erschöpfte Neuankömmling seine Taschen.

Nur Salz und Sand!

"Gib uns dein Schlauchboot", forderten die Einheimischen, "dann können wir die Welt erobern."

"Und was wird aus mir?" fragte der Butler. "Soll ich eure Palmen heiraten und die Wasserfälle streicheln?"

Da ging den Eingeborenen ein Licht auf.

"Du bist ja nur auf Liebe aus", riefen sie verächtlich.

Der Butler ging in Deckung.

Seitdem gibt es das unausrottbare Mißtrauen zwischen denen, die da sind und denen, die es auch noch gibt.

Die Spur

Auf der Suche nach Dem Grünen Eis Am Nil waren wir, die Jungs und Mädchen vom Sonderdezernat 2000, in Kairo auf ein Foto mit Blutspuren der unbekannten Blutgruppe ABC gestoßen.

Das stellte uns vor einige Rätsel.

Sollten wir es am Ende doch mit Außerirdischen oder ähnlichem Gesocks zu tun haben?

Bei näherem Hinsehen erkannten wir auf der Rückseite der Fotografie eine Originalzeichnung von Picasso. Was alles verkomplizierte, zumal die Zeichnung falsch, d.h. mit HILDE KNEF signiert war.

“Puh!” entfuhr es meiner Vorgesetzten Elke. “Da komm ich nicht mehr mit.”

Erleichtert sanken wir auf unsere inneren Sitzkissen. Wir hatten schon angenommen, doof zu sein.

Elke hatte uns mit ihrer Ehrlichkeit den ganzen Druck genommen.

Wir gelangten zu der Überzeugung, daß wir die Sache anders anpakken mußten.

“Scheiß auf Kairo”, sagte Hans. “Die Luft hier bringt uns um. Dieses Chaos archaischer Gerüche und Geräusche läßt keine Lösung zu. Hier kann doch kein Gedanke reifen, kein klarer und kein richtiger.”

Wir nickten stumm.

Eine Woche später flogen wir nach Mitteleuropa zurück.

Es war Karfreitag in Berlin.

Ein grauer Himmel überspannte die gesamte Stadt.

Auf dem Weg vom Flughafen in unser geheimes Hauptquartier, unter dem Turnerdenkmal in der Hasenheide, fiel uns ein abbruchreifer Imbiss auf.

Wir ließen unseren Fahrer halten und schwärmten aus.

Mit entsicherten Waffen näherten wir uns von allen Seiten dem verdächtigen Gebäude.

Wir lauschten angespannt dem emotionsgeladenen Gespräch im Inneren. Es ging um neuartige Gene, von denen wir noch nie etwas gehört hatten. Sie sollten einem afrikanischen Diktator angeboten werden. Gene gegen Elfenbein.

Schon wollten Kurt und ich die Hütte stürmen. Aber Elke pfiff uns zurück. Sie wollte warten, um Namen zu erfahren.

Doch nach dem Pfiff blieb alles still.

Als Hans, der Allergiker, wegen der hier extrem pollenverseuchten Umwelt husten mußte, entschlossen wir uns anzugreifen.

Gundi zwängte sich als erste durch den offenen Türspalt.

Wir folgten im Sekundentakt.

Drinnen trafen wir auf einen alten Bekannten. Es war Kommissar Keller. Er packte resigniert seinen Radiorecorder ein und erklärte uns den Sinn der fingierten Unterhaltung.

'Gewisse Verbindungen' hätten durch diese Unterhaltung verschlüsselte Informationen über einen kontrollierten Rüstungsexport nach Uruguay erhalten sollen.

Durch unser Eingreifen war diese Aktion gestört worden und nun zum Scheitern verurteilt.

Wir suchten Halt am Tresen.

Der Kommissar verließ den Imbiß ohne ein weiteres Wort. Unsere Augen richteten sich auf Gundi, die schwerverletzt am Boden lag.

Sie hatte beim Angriff das Langnesefähnchen übersehen.

Um jedes Aufsehen zu vermeiden, wurde Hans befohlen, Gundi Huckepack zu nehmen. Alle sollten wir ausgelassen, wie ein Filmteam, das gerade einen Klasse-Drehort besichtigt hat, zum Wagen laufen.

Es klappte.

Bevor wir das Krankenhaus erreichten, war Gundi tot.

Die traurige Aufgabe, Gundis Verlobtem die schockierende Nachricht und das rotweiße PLO-Tuch, das sie ihm als Souvenir im Orient erstanden hatte, zu überbringen, fiel mir zu.

Er wohnte in einem trostlosen Außenbezirk.

Das achtstöckige Haus paßte gut in die Umgebung. Nichts deutete auf irgend etwas hin.

Doch als ich die Klingel drücken wollte, überfiel mich eine vorsichtige Neugier. Ich beschloß, die Wohnung erst im Schutz der Dunkelheit über den Balkon zu betreten. Den konnte ich über eine alte Grauerle bequem erreichen.

Die Zeit bis zum Abend vertrieb ich mir im Auto mit einem *guten Buch*.

Dann ging alles wie geplant.

Die Balkontür stand offen. Aus dem Badezimmer drangen Laute, die auf Sexspielchen schließen ließen.

Im Wohnzimmer lagen die Kleider eines Mannes und einer Frau wild durcheinander.

Sofort fiel mir die Anstecknadel am Männerpullover auf.

Es war ein kleines grünes Ei.

Ich kombinierte dieses Ei mit dem Vornamen von Gundis Verlobtem.

Heraus kam: *Das Grüne Ei Am Nils.*

Das war des Rätsels Lösung!

Wahrscheinlich hatte uns ein Übermittlungsfehler jahrelang in die Irre geführt, Kontinente abklappern und uns im Pyramidenschatten fast verzweifeln lassen.

Nachdem ich die Badezimmertür mit Elementen der Einbauküche verrammelt hatte, wickelte ich Das Grüne Ei vorsichtig in ein Tempotaschentuch und brachte es in unser Labor. Zur Zeit wird es, unter Beachtung aller Sicherheitsvorschriften, untersucht und ausgewertet.

Während Sie diese Zeilen lesen, sind wir, die Jungs und Mädels vom Sonderdezernat 2000, längst neuen Verbrechen auf der Spur.

Domino

Das Leben ist wie eine Buchstabensuppe. Lehrreich. Aber macht nicht satt.

Das hatte Jojos Mutter ihrem Sohn noch schnell ins Briefmarkenalbum geschmiert, bevor sie mit dem Nachbarn nach Übersee durchbrannte, weil er Patrick Luscher glich wie ein Ei dem anderen.

Von nun an mußte Jojos Vater seinen Sohn allein durchbringen.

Zum Glück betrieb er einen florierenden Antiquitäten- und Militariaversand.

Kaum, daß Jojo seinen Führerschein in der Reisetasche hatte, mußte er im Firmenauto Touren durch ganz Deutschland machen und nach Feierabend oft noch Orden polieren, Panzerfäuste putzen oder Fotos von der Bismarck retuschieren.

An einem schönen Maitag, Mitte der 80er Jahre, als es noch WAS BIN ICH? gab, rutschte sein Vater auf einem Bündel Inflationsgeld aus. Er stürzte so unglücklich mit seinem rechten Auge in eine Pickelhaube, daß er auf der Stelle tot war. Nun sollte Jojo in seine Fußstapfen treten und er hätte es auch sicherlich gleich getan, wenn Amor nicht gezwitschert hätte.

Der junge Mann kam aus dem Postamt und wollte schon in seinen Space-Waggon springen, als ihn das Schluchzen einer Frau von hinten übermannte. Es war das Schluchzen von Marina de Napoli. Ihre Familie war vor Jahren aus dem Süden Europas eingewandert und hielt sich seitdem mit Tortellinis über Wasser.

Jojo ging auf sie zu und fragte sie nach dem Grund ihrer Verzweiflung. Der Grund war ihr Windhund WELLENSITTICH. Marina liebte ihn über alles. Der Hund war schon seit Tagen spurlos verschwunden.

Zuerst wunderte Jojo sich über den originellen Namen des Hundes.

Dann verfiel er aber ganz dem Charme der molligen Blondine.

"Du hast ja ein Stimmchen wie Amaretto", rief er begeistert und lud sie spontan zu einer kleinen Spritztour ein.

"In meinem Auto ist für viele Platz", sagte er.

Aber Marina war untröstlich.

"Ohne WELLENSITTICH will ich nicht mehr leben", schluchzte sie.

Und Jojo sagte: "Dann eben nicht."

Er fuhr heim. Ein folgenschwerer Fehler.

Von nun an träumte der nette Händler jede Nacht was anderes. Und schlimm war es fast immer.

Zwei Tage später zum Beispiel.

Er träumte, sein toter Vater sei aus dem Krieg zurückgekehrt, in dem er unter einen Panzer geraten war. Beide Daumen ab!

Den einen hatten die Ärzte wieder angenäht, aber den anderen hatte sich eine Wanderdüne geschnappt.

So mußte der Vater sich im Lazarett noch weiterbilden: *Links ist, wo der Daumen ab ist.*

Oder zum Beispiel vier Tage später.

Da hatte Jojo im Traum die ganze Stadt mit einer einzigen religiösen Parole vollgekrakelt, wodurch seine angeborene Schreibschwäche voll zu Tage trat. Überall stand rot und deutlich: GOTT LEPT.

So stand Jojo morgens schon beim ersten Liderzucken die Schamesröte im Gesicht und wich nicht mehr bis weit nach Sendeschluß.

Er schrieb Frau Barbara: *Bitte helfen sie mir. Meine zynischen Träume ruinieren mich und mein Geschäft.*

Und Frau Barbara antwortete: *Lieber Jojo! Mit ihnen stimmt was nicht. Vielleicht fehlt Ihnen etwas Zärtlichkeit. Haben sie schon mal an ein Haustier gedacht?*

Daran hatte Jojo noch nie gedacht.

Er fuhr ins Tierheim, um sich zu informieren.

"Wenn Sie sich vor großen Tieren fürchten", sagte die Heimleiterin, "dann nehmen Sie doch den Wellensittich da. Er ist zwar stumm wie ein Fisch, aber schön bunt."

"Der paßt zu meinen Videos", fiel Jojo ihr ins Wort und nahm den namenlosen Vogel mit.

Beim Käfigkauf erinnerte er sich urplötzlich an Marina de Napoli.

Als die Verkäuferin ihn fragte: "Wie heißt der süße Kleine denn?" dachte Jojo gar nicht nach und sagte automatisch: "WINDHUND."

"Schöner Name", sagte die Verkäuferin, "und zählen sie nochmal nach!"

Jubel des Lebens

“Wahrscheinlich ist Nick Nolte der beste Schauspieler aller Zeiten”, seufzte Benjamin.

Edeltraut schraubte sich in die Höhe.

“So fangen Depressionen an” , sagte sie leise.

Bob, der Förster, schlug vor, mal rauszugehen, ein bißchen die Natur beschnuppern.

“Vielleicht gelingt es uns einen Luchs beim laichen zu beobachten”, versuchte Bob den beiden Appetit zu machen.

“O.K.”, rief Benjamin, stand auf und zog die großen grünen Gummistiefel an.

Die Wege waren matschig. Die Sonne ging schon unter. Es raschelte auf Schritt und Tritt.

“Was ist das?” fragte Edeltraut.

“Maipilze”, sagte Bob. “Die schießen bei der Witterung wie Schaumstoff aus dem Boden.”

Dann schwiegen alle bis zum Schlagbaum.

Der alte Zorn kam aus seinem verchromten Häuschen und nahm Benjamin die Handtasche ab. Er leerte sie auf dem Boden aus, beschlagnahmte das Foto einer Vollmilchflasche, deren Etikett gewaltsam enfernt worden war.

Nun durften sie passieren.

Zwei Hirsche kämpften auf der Lichtung linkerhand. Der eine hatte ein Messer.

Bob ging dazwischen und gab dem anderen aus Fairneß sein Luftgewehr.

“Danke”, sagte der Hirsch und brannte seinem Gegner sofort eine Kugel aufs Geweih.

Das tat weh!

Der Messerhirsch hatte die Nase voll und rief: “Laß uns aufhörn und die Menschen fragen, ob wir ihnen behilflich sein können!”

Der Sieger nickte, und die beiden Hirsche trabten auf die Menschen zu.

“Ihr könnt uns zum Luchsfelsen bringen”, sagte Bob und schwang sich auf den Rücken des messerlosen Hirschen.

Edeltraut setzt sich hinter ihn und Benjamin vor ihn.

Der Messerhirsch ging leer aus und zog beleidigt ab. “Das werdet ihr mir büßen!” rief er.

Nach einer guten halben Stunde erreichte die kleine Schar den Luchsfelsen und mußte feststellen, daß niemand zu Hause war.

“Heute ist Langer Donnerstag”, sagte Edeltraut. “Da sind die Luchse immer unterwegs.”

“Warum ist dir das nicht früher eingefallen?” fragte Bob.

“Weil ich in Gedanken war”, sagte Edeltraut. “Ich überlege die ganze Zeit, was die grünen Punkte auf den Baumstämmen wohl bedeuten.”

Bob lachte: “Im Sommer haben alle Bäume grüne Punkte. Sag bloß, das hast du nicht gewußt!”

Edeltraut wurde rot. “Nein, Bob”, sagte sie leise, “du weißt, ich bin ein Stadtmensch.”

“Schon gut”, sagte Bob und gab dem Hirsch ein Schlückchen Sprite.

“Aber ich finde es eigenartig, daß du über Luchse genau Bescheid weißt und von Bäumen keine Ahnung hast!”

“Laß sie in Frieden”, sagte Benjamin und zog einen goldenen Schneemann aus seiner Westentasche.

“Was ist das?” fragte Edeltraut. “Ein Talismann?”

“Mit dem wird niemand glücklich”, sagte Benjamin und feuerte die winzige Figur ins Unterholz.

Der Hirsch schüttelte seinen mächtigen Kopf, daß die Ohren schlakkerten.

“Normalerweise”, rief er, “hätte ich euch töten müssen, denn ich bin Axel Teuscher, der weltbekannte Killerhirsch!”

Den drei Freunden blieb fast das Herz stehen.

“Axel Teuscher?” fragte Benjamin.

Bob und Edeltraut mußten sich setzen.

“Aber wieso hast du vorhin den anderen Hirsch nicht gleich erledigt?” fragte Benjamin.

Der Hirsch senkte seinen Kopf und bohrte die linke Geweihspitze dem Menschen durch die Breitcordhose in den Schenkel.

Benjamin fiel rückwärts in ein kränkliches Gebüsch und stammelte: “Axel Teuscher! Er ist es wirklich!”

Bob und Edeltraut hatten sich aufgerappelt und fingen an, Axels Schulterblätter zu streicheln. Von vorne nach hinten und nicht mehr als zweimal pro Minute, so war es vorgeschrieben, so stand es im großen Buch der Hirsche. Viele hatten ihre Unwissenheit schon mit dem Leben bezahlt.

“Zeigst du uns deine Heimat, Axel?” fragte Edeltraut.

“Meine Heimat ist das Meerchen”, antwortete der Hirsch. “Ungefähr vier Autostunden von hier.”

“Ein Meerchen?” fragte Bob. “Das hört sich aber niedlich an!”

“Ist es auch”, sagte Axel, “unvorstellbar niedlich!”

“Gibt es auch Fischchen dort und Schiffchen?” wollte Edeltraut wissen.

Axel nickte.

“Laßt uns zum Meerchen fahren”, rief Benjamin.

“Nein”, sagte Axel, “fremde Wesen haben es sich angeeignet. Ihre Waffen sind unschlagbar. Erst denkt man: ‘Ach, ein Gartenschlauch. Das ham wir gleich!’ Doch dann verwelken die Gedanken. Und man denkt: ‘Mein Gott, ein Gartenschlauch! Das ist mein Untergang!’ Sie pusten dir den Herbst in die Birne und machen etwas Wind. Er weht dich fort.”

Die drei Menschen waren maßlos enttäuscht. Axel Teuscher, der Killerhirsch, war machtlos gegen einen Haufen fremder Wesen, die mit dem Herbst verbündet waren!

“Laßt uns gehen”, rief Edeltraut. “Laßt uns in den Bunker gehen und ein paar FLUSSDIAS anschaun!”

“Darf ich mitkommen?” bat Axel.

“Von mir aus”, sagte Edeltraut, die ein Herz für Tiere hatte. “Aber du mußt mir versprechen, nichts anzufassen! Der BUNKER OF LOVE ist sehr empfindlich, du könntest ihn mit deiner rauhen Zunge stören.”

“Versprochen”, sagte Axel und nach einer knappen Viertelstunde erreichten sie den Bunker.

Sie hüpften in die Unterhaltungszone, machten es sich bequem und gaben sich dem Zauber der Lichtbilder hin.

Beim Anblick der Donau wurde Axel schwach und tätschelte mit seinem rechten Hinterhuf den Projektor.

Das Gerät wurde böse.

Es fing zu leuchten an.

Benjamin warf sich auf den Boden. Bob holte einen Feuerlöscher aus der Ecke. Der Projektor brannte lichterloh. Edeltraut verkroch sich unter das Tombola-Gerüst.

Axel stand fassungslos da und starrte auf Bob, der den Feuerlöscher gar nicht erst entsicherte.

Es war zu spät.

Alles was von Projektor übrigblieb, war ein feuriger Texaseintopf. Die Stimmung war im Eimer.

Der Hirsch fühlte, daß es nicht sein Tag war und rannte in die finstere Nacht.

Nick Nolte kam herein und machte Bob für das Desaster verantwortlich.

"Nick", sagte Bob, "es war nicht meine Schuld."

Nick Nolte sah Bob in die Augen.

"Du hast es nicht verhindert", sagte er gestochen scharf.

Benjamin und Edeltraut spürten, daß er Bob demütigen wollte.

"Nick", rief Bob, "laß uns wegen dieser dummen Sache keine Todfeinde werden!"

Aber Nick Nolte hatte sein Schwert schon aus der schlichten Scheide gezogen und ließ es auf Bob niedersausen. Bob warf sich zur Seite. Er erreichte unverletzt den Ausgang und blieb stehn.

"Lauf weg, Bob!" riefen Benjamin und Edeltraut, doch Bob hatte das Weglaufen satt.

Er zog die Stiefel aus und über seine Fäuste.

Nick Nolte grinste, als er Bob so stehen sah.

Doch ZACK! knallte der erste Absatz an die Stirn des blonden Hünen.

"Getroffen!" jubelten Benjamin und Edeltraut. Sie zogen ihre Schuhe aus und warfen sie zu Bob hinüber.

Kaum hatte Nick Nolte begriffen, was geschehen war, traf ihn Bob`s zweiter Stiefel auf dieselbe Stelle. Nick wankte.

Bob sprang zu ihm hin und flüsterte ein bißchen Voodoo-Kacke in sein Ohr.

Nick Nolte verlor das Gleichgewicht und plumpste ins Aquarium.

Bob bat die Zitteraale um Hilfe.

Die sonst so zickigen Elektrowürste sagten: "Aber gerne!" und erledigten den Rest.

Sie konnten Nick nicht leiden, weil er sie einmal beim Kurzschluß-Spielen gestört hatte.

Seitdem hatten sie jeden Tag NICK NOLTE - WIR HASSEN DICH! mit großen eleganten Schwüngen in den Sandboden geschrieben, um die

Erinnerung an jenes widerliche Ereignis wachzuhalten.

Im Laufe der Jahre war diese Geste des Widerstands aber mehr und mehr zur lästigen Zeremonie verkommen. Nun sanken die Tiere erleichtert auf den Boden.

In die Freude über den gelungenen Racheakt floß aber ein Tröpfchen Sorge um die Zukunft ein. Denn bei allen Vorbehalten Nick Nolte gegenüber, mußten die Tiere zugeben, daß der kontrollbesessene Kybernetiker im großen und ganzen ein guter Hausmeister gewesen war. Er hatte das Aquarium optimal in Schuß gehalten.

Die Zitteraale wurden traurig und sonderten eine unbekannte hellblaue Flüssigkeit ab, eine Art Unterwasser-Vergißmeinnicht.

Edeltraut erkannte als erste, was sich da abspielte. Sie konnte die Trauer der Tiere nachvollziehen.

Auch sie hatte den allgegenwärtigen Hausmeister aufrichtig gehaßt. Doch war er es gewesen, der sie vor Jahren aus den Klauen der Ohrenlecker gerettet hatte. Jener sexuell abartigen Eishockeygemeinde, die das mittellose Mädchen nach einer abgebrochenen Maurerinnenlehre mit Wunderkerzen in die Puckplantagen gelockt und dort monatelang festgehalten hatten. Nick Nolte hatte sie damals wieder aufgepäppelt.

Ihm hatte sie es zu verdanken, daß die Folgen der unzähligen Body-Checks, bis auf ein Ziehen in den Oberarmen fast ganz verschwunden waren.

Edeltraut zog den leblosen Körper des Hausmeisters aus dem Wasser. Das Unterwasser-Vergißmeinnicht taufte sie auf den Namen Nolte-Drops.

Bob und Benjamin trugen den Toten hinaus in den Garten.

Edeltraut lief zum alten Zorn. Der war zwar angestellt als Schlagbaumpate, sah aber das Sargdesign als seine wahre Berufung an.

Freudig führte er Edeltraut in sein Atelier und zeigte ihr seine schönsten Stücke, die er aus Passion bis ins kleinste Detail selbst angefertigt hatte.

Edeltraut entschied sich für das Modell FRÜHLING AUF HAWAII. Es war ein ananasscheibenförmiger Rundsarg mit zauberhaften Blumenapplikationen aus Nudelholz.

Der geniale Alte und Edeltraut brachten den Sarg gemeinsam in den Bunkergarten. Benjamin und Bob hoben eine Grube aus.

Bevor sie den Sarg in die Tiefe senkten, schlug Edeltraut vor, die Zitteraale zu holen. Es sollten alle Mörder Nicks versammelt sein, um ihm die letzte Ehre zu erweisen.

Alle zusammen schleppten das Aquarium heran und stellten es oben auf die ausgehobene Erde, damit die Tiere eine schöne Aussicht hätten.

Der alte Zorn ergriff die Initiative und übernahm die Leitung der Trauerfeier. Er forderte alle Anwesenden auf, zum Abschied etwas positives über den Toten zu sagen.

Niemand ließ sich lumpen und das Spektrum der Lobhudelei reichte von Bob's "Nick, du warst O.K.", bis hin zum "Nickie komm bald wieder" der untröstlichen Zitteraale, die diese verzweifelte Zeile mit einer Freddy-Melodie unterlegten.

Noch während sie sangen, platzte ein Regen in die bedrückte Runde und verwandelte den Garten in ein glitschiges Gelände.

Der extrem tonhaltige Erdhügel, auf dem das Aquarium stand, verformte sich, der Glaskasten verlor das Gleichgewicht und rutschte in die Grube.

"Seht mal!" rief Edeltraut. "Die treuen Tiere! Sie wollen den lieben Nick in die Ewigkeit begleiten!"

Und bevor die Aale etwas erwidern konnten, senkten Bob und Benjamin den Sarg auf das Aquarium und schaufelten die Grube zu.

"Schnell rein!" rief Edeltraut. "Ich bin schon ganz durchnäßt. Nick hätte bestimmt nicht gewollt, daß wir seinetwegen unsere Gesundheit ruinieren!"

"Nie und nimmer!" riefen Bob und Benjamin.

Auch der alte Zorn brachte so schnell er konnte seine alte Haut ins Trockene.

Benjamin machte Wasser heiß. Bei einem steifen Grog erholten sich die Vier vom Abschiednehmen.

Da hörten sie ein fernes Läuten.

"Was ist das?" fragte Bob.

"Hört sich mystisch an", antwortete Zorn. "Es erinnert mich an ein Phänomen aus meiner Jugend. Man nannte es DAS SCHWEIGEN IM WALDE. Ich dachte es sei ausgestorben. Aber das da hört sich genauso an!"

Auf dem Bildschirm verdichteten sich die Anzeichen und formierten sich zu einer vagen Hinweistafel.

Der Alte setzte seine Rätselbrille auf und ging ein paar Schritte zurück. Er wirkte angespannt.

"Freunde", sagte er dann, "mein Blickfeld ist stark eingeengt und meine Sehkraft läßt nach."

"Die Tunnelkrankheit!" rief Edeltraut.

"Ja", sagte der Alte. "Setz du die Brille auf, mein Kind, vielleicht erkennst du mehr als ich."

Edeltraut nahm die Brille.

“Du mußt dich gehen lassen”, sagte Bob.

Edeltraut nickte, setzte die Brille auf und atmete gehörig aus.

Sie ging zur Tür und verließ den Bunker durch den SPALT D’AMOUR.

Die anderen folgten ihr.

“Sie steuert direkt auf die Klippen zu!”

Edeltraut blieb stehen und drehte den Kopf.

“Sei unbesorgt”, sprach Bob, “wir werden dich rechtzeitig stoppen. Laß dich ruhig gehn!”

Edeltraut zögerte, kniete sich hin und tastete mit den Händen vorsichtig den Boden ab.

“Hab’ Vertrauen mein Kind”, sagte der alte Zorn und zog sie hoch.

Edeltraut ging weiter bis zur Ruine des alten PIZZA-MUSEUMS.

Hier nahm sie die Brille ab.

“Luigi!” rief sie. “Komm raus!”

Ein kleiner Italiener trat aus dem bröckligen Portal. Er trug ein Glöckchen um den Hals.

“Da ist es!” rief Zorn.

“Was denn”, fragte Bob.

“Das KÄSEGLÖCKCHEN”, sagte Benjamin. “Meine Mutter hat mir, als ich noch klein war, viel davon erzählt. Später glaubte ich, sie hätte sich das alles nur ausgedacht. Jetzt weiß ich, sie hat nichts erfunden!”

Er ging auf den braungebrannten Jungen zu und sprach mit ihm.

Die anderen konnten kein Italienisch und verfolgten das Gespräch mit großen Augen. Schließlich drehte Benjamin sich zu ihnen um und sagte: “Er ist von Stamme der Tifosi. Er sagt, ein schwerbewaffneter Hirsch hätte ihm das Glöckchen mit den Worten anvertraut: ‘Damit es nicht in falsche Hände gerät.’ Er will es nicht verschenken.”

“Ist er an einem Tausch interessiert?” fragte der alte Zorn.

Benjamin übersetzte die Frage.

Der Junge nickte.

Der Alte holte aus seinem Bauchbeutel ein mumifiziertes Stückchen Knorpel. “Das ist der linke Außenmeniskus von Sandro Mazzola, dem großen Inter-Star zu Beginn des Silicon-Zeitalters.”

Benjamin übersetzte.

Der Junge wirkte aufgeregt. Ein Wortschwall folgte.

Benjamin übersetzte: “Er will noch mehr!”

Der alte Zorn zog ein Stück Knochen aus der Tasche. “Facchettis Kniescheibe”, sagte er trocken. “Das muß genügen.”

Benjamin übersetzte.

Der Junge knöpfte die weiße Nylonschnur, an der das Käseglöckchen hing in seinem Nacken auf.

Der Alte übergab ihm den Knorpel und den Knochen. Der Tausch war perfekt.

Der Junge sprang vor Freude in die Luft und lief davon.

"Edeltraut!" sagte Zorn. "Ich möchte dir das Glöckchen schenken. Es soll dich beschützen."

"Warum?" fragte Edeltraut.

"Weil ich dich liebe", sagte der Alte. "Und weil ich nicht will, daß dir ein Leid geschieht."

Bob mußte lachen und Benjamin preßte sich den Mund mit Daumen und Zeigefinger zu.

Edeltraut war gerührt. Natürlich hatte sie die Zuneigung des Alten immer schon gespürt und seine zärtlichen Blicke genossen, aber nie hätte sie ihm diese Offenheit zugetraut.

Sie nahm das KÄSEGLÖCKCHEN und hängte es sich um den Hals.

"Danke", sagte sie leise und küßte den Alten auf die Schläfen.

Zufrieden ging er fort und Bob war sich sicher, ihn nie mehr wiederzusehen. Lächelnd schaute er ihm nach.

Benjamin erriet die Gedanken seines Freundes und fragte: "Du glaubst also, daß er sich ein Plätzchen suchen wird?"

"Ja", sagte Bob.

Edeltraut sah zum Himmel und winkte einer einzelnen kleinen, gelben Wolke zu. Es war die Wolke Amarillo, die in zwei Wochen auf Las Vegas regnen wollte und auf einen Westwind hoffte.

"He, Amarillo", rief Bob, der alle Wolken kannte, "komm runter und leiste uns Gesellschaft! Der Wind, auf den du wartest, ist noch weit von hier!"

Die Wolke überlegte kurz, gesellte sich dann aber freudig zu den Menschen.

"Es muß sehr schön sein, so zu schweben!" sagte Edeltraut.

Amarillo stimmte ihr versonnen zu.

"Ich könnte mir gar nichts anderes mehr vorstellen! Als ich noch eine gewöhnliche Notrufsäule war, gab es lange Phasen voll Traurigkeit. Ich sehnte mich nach Pannen und Karambolagen. Es war furchtbar. Bis ich eines Tages Otto kennenlernte, den praktischen Statistiker. Er war von seinem Arbeitgeber mit einer Spezialkamera ausgerüstet worden, um die Ansicht das Bundesverkehrsministers zu erhärten, daß Alleinfahrer auf Autobahnen am Tag bei dichtem Nebel mehr unter Gähnsucht leiden, als nachts bei klarer Sicht. Bei Neumond schmiegte Otto sich an mich. Er war mein erstes sexuelles Erlebnis und wir wurden ein Paar. Es waren die schönsten Jahre meines Lebens. Als sein Auftrag erledigt war, nahm er mich mit in seine Heimat. Er stellte mich seiner Frau Rita als Geliebte vor. Rita war froh, mich endlich kennenzulernen und schloß mich in ihr Herz. Sie stellten mich im Garten unterm Kirschbaum auf - was soll ich sagen, mein Glück war unbeschreiblich."

Bob sah die Wolke mitleidig an.

Er wußte, daß sie eine notorische Lügnerin war, eine typische Angeberwolke, gelb vor Neid auf alles, was sich unter ihr bewegte. Aber nicht wußte er, daß sie dem Messerhirschen Hubi hörig war.

Hubi hatte Amarillo befohlen, die drei, die seinem Intimfeind Axel Teuscher beim letzten Kampf geholfen hatten ausfindig zu machen, und sie solange festzuhalten, bis er zur Stelle wäre.

Alles ging rasend schnell.

Als Bob eine Ahnung befiel, war es bereits zu spät.

Hubi stand hinter ihm. Seine Messerklinge bohrte sich in den Rücken des unbewaffneten Försters.

Bevor Benjamin den Ernst der Lage begriff, flog er durch die Luft. Hubi spießte ihn volley auf und warf die Leiche auf den Organspendeschlitten.

Edeltraut wurde von Amarillo eingenebelt und verlor das Bewußtsein.

Als sie erwachte, stand Hubi über ihr. Er starrte auf das Käseglöckchen und grinste.

"Mach sie fertig", fauchte Amarillo.

Hubi senkte das Geweih zum tödlichen Stoß. Da knickten seine Hinterläufe ein. Die Augen verdrehten sich wie bei einem, der etwas echt unmöglich findet. Hubi blutete am Hinterkopf und fiel auf seine rechte Seite. Er zuckte, zweimal mit den Ohren, viermal mit dem Penis. Dann war es aus.

Ein anderer Hirsch hatte den Kampfplatz betreten.

Axel Teuscher. Auf seinem Rücken saß der alte Zorn. Er hatte Axels Geweih zu einer Schleuder umfunktioniert.

Edeltraut richtete sich auf und sah das tolle Duo dankbar an.

Das also war Axels Geheimnis!

Dann fiel ihr Amarillo ein. Sie sah sich um. Die Wolke war verschwunden.

"Die Wolke!" rief sie. "Wir müssen sie verfolgen!"

"Zwecklos", sagte der Killerhirsch.

"Aber wir können dieses verlogene Ding nicht einfach entkommen lassen", sagte Edeltraut.

Der Hirsch senkte den Kopf. “Gegen Amarillo sind wir machtlos! Aber Edeltraut sei nicht traurig! Ein Südwind hat sie mitgenommen. Südwinde sammeln bunte Wolken und verhökern sie an belgische TV-Designer für eine Handvoll Singvögel. Die wirst du nie mehr wiedersehen!”

“Gut”, sagte Edeltraut, “sehr gut!” Sie küßte das Käseglöckchen und ging zum alten Zorn.

“Und woher wußten sie, daß Hubi uns drei vernichten wollte?”

“Axel erzählte mir, wie ihr ihn gerettet habt und daß Hubi Rache schwor. Als wir Amarillo vorbeiziehen sahen, wußten wir Bescheid. Tut mir leid für Bob und Benjamin.”

“Mir auch”, schluchzte Edeltraut. “Sie waren ohne Chance!”

“Nein”, sagte der alte Zorn. “Sie hätten nur das Käseglöckchen läuten müssen. Hubi hätte sich vor Schmerz gewunden. Kein Hirsch verträgt so dämliche Frequenzen. Bob hätte das wissen müssen. Benjamin ebenso. Er war schließlich Tontechniker.”

“Dann haben beide beruflich versagt?” folgerte Edeltraut.

Ihr Retter nickte: “Zwei Nieten.”

“Zwei Nieten”, widerholte Edeltraut. “Und sowas hab’ ich mit mir rumgeschleppt!”

“Vergiß sie!” rief Axel, der einen Rosengarten entdeckt hatte und die jungen zarten Blätter naschte. “Vergiß sie, Edeltraut. Schau dir die Farben an. Die Welt ist wie verwandelt!”

“Der Frühling!” rief Edeltraut und sah den alten Zorn begeistert an.

“Ja”, sagte der und kippte seinen Hut. “Der Frühling ist ein Zauberer.”

Das Schicksal im August

Nach der Trickfilmschau hatte die ehemalige Einzelhandelspraktikantin Lola den Fernseher ausgemacht und sich auf dem verwilderten Grundstück hinter der stillgelegten Porzellanschneckenfabrik nach bekömmlichen Stöckchen für ihre beiden Wellensittiche Klaus und Klaus umgesehen.

Dabei machte sie eine so gute Figur, daß der Langweiler Nils P., kurz Nille, sich in sie verliebte und das Fernglas, durch das er Lola von seinem Kellerfenster aus unter die Lupe genommen hatte, vor Aufregung zerlegte und die Einzelteile anschrie.

Als Lola C. auf ihrem Rückweg Nilles Haus passierte, hörte sie den Lärm und wurde von der Vitalität seiner Stimme magisch angezogen.

Lola C. warf ihre Kleider in die Luft und stürzte in den Keller, ohne zu bedenken, was für Folgen diese Lebensgier provozieren könnte.

Es kam so, wie es kommen mußte: Nille war angewidert.

Seit vielen Jahren stand er der Popularität von Sex sehr kritisch gegenüber. Er machte sie sogar für alles Böse auf der Welt verantwortlich. Was sicher übertrieben war und Nilles totalitären Charakter offenbarte.

Es tat ihm weh, die geliebte Lola so nahen zu sehn, so schwanzfixiert und spermageil.

Weil er aber ein Langweiler war, fiel ihm nichts besseres ein, als sich ebenfalls schnell auszuziehen und unter die Eierkohlen zu kriechen, die er wegen der Sommerpreise schon hatte kommen lassen.

“Hier wird sie mich nicht finden”, glaubte der talentierte Schachamateur.

Doch Lola fand ihn.

So begann ein kurzes Glück. Es hatte seinen letzten Höhepunkt auf jener Liegewiese, die zwischen WELLENSEE und MAGNUM-BAUDE gelegen, in der warmen Jahreszeit Badesüchtige jeden Alters mit sattem Grün verwöhnt.

Es war ein herrlicher Spätsommertag. Das verliebte Paar schlenderte den Sandweg zum Strand entlang.

Die Holunderbeeren hingen schwer und schwarz. Die Blätter vieler Bäume hatten, als sei der Sommer für sie ein für allemal erledigt, schon schlapp gemacht. Die Farbe des Himmels war violett. Wenn jemand etwas Nettes über ihn hätte sagen wollen, wäre das vielleicht gewesen: "Der ist noch einmal mit einem blauen Auge davongekommen."

“Findest du nicht auch”, fragte Lola, “daß der Himmel etwas violettes hat?”

Nille nickte.

Vom Onanieren farbenblind geworden, war er gar nicht kompetent. Er schämte sich aber, seine Behinderung offen einzugestehn.

“Eigentlich schön”, sagte Lola. “Von mir aus könnte er noch violetter sein. Ich liebe Violett.”

Sie hatten die Liegewiese erreicht und breiteten die karierte Decke aus.

Als Lola in ihren violetten Einteiler schlüpfte, schrie Nille auf.

Zuerst dachte sie an Eifersucht, denn wie die umliegenden Männer auf ihren knackigen Po guckten, war nicht zu übersehn.

Doch dann war sie aufgeregt und hilflos: Eine Wespe hatte Nille in die Eichelspitze gestochen.

Während Nille die anderen Badegäste um Hilfe bat, kam Lola, im Umgang mit Insektenstichen unerfahren, nach einigem Hin und Her auf die Idee, das Glied mit ihrer Armbanduhr abzubinden.

“Aussaugen!” rief ein älterer Herr, “das Gift muß raus!”

Er griff nach Nilles Penis. Aber Lola kam ihm zuvor.

“Ausspucken!” rief der Alte. “Schmecken Sie das Gift?”

Lola schüttelte den Kopf und saugte weiter.

“Aber Sie müssen das Gift schmecken”, sagte der Alte ungläubig. “Es schmeckt bitter. Spucken Sie es aus. Sonst werden Sie lesbisch!”

Die ganze Liegewiese horchte auf.

Niemand hatte gewußt, daß das Aussaugen von Wespenstichen lesbisch macht, obwohl natürlich vielen schon die Ähnlichkeit der Worte aufgefallen war.

Lola spuckte aus.

Das weiße klebrige Wespengift flog auf die Liegewiese.

“Schnell den Mund ausspülen,” empfahl der ältere Herr.

Lola rannte an das Wasser und gurgelte so gründlich, daß sie fast ertrunken wäre.

“Wie fühlst du dich?” fragte Nille, als sie wieder auf die Decke zurückgekehrt war.

“Gut”, sagte Lola. “Und selbst?”

“Auch gut”, sagte Nille. “Wollen wir schwimmen?”

“Lieber springen!” antwortete Lola.

Lola und Nille stiegen auf den alten, wackligen Drei-Meter-Turm.

Oben angekommen verriet Lola Nille, daß sie noch vor dem Herbst mit ihm Schluß machen wolle.

“Vor dem Herbst?” fragte Nille. “Was heißt das?”

“Sofort!” sagte Lola.

Nille murmelte: “Das Gift!”

“Ja”, flüsterte Lola. “Ich bin eine Kampflesbe geworden.”

Traurig sprang Nille in die Tiefe.

Es dauerte eine halbe Ewigkeit, bis er wieder auftauchte, für niemand sichtbar, irgendwo im Schilf.

Lola stand noch lange oben und blickte über den See nach Uferow hinüber, dessen spitzer Kirchturm auf den Partnerstern der Sonne zeigte.

NEUER DEUTSCHER FILM

Ein Mensch mit großen Ohren kommt aus einer Telefonzelle und hat ein BESETZTZEICHEN am Kopf.

Eine wildfremde Frau macht ihn darauf aufmerksam und erntet herbe Kritik.

"Die Menschen sind halt unterschiedlich. Manche haben eben ein Besetztzeichen am Kopf!"

Die Frau winkt einem Sensationsreporter.

"Knipsen sie den Mann, der hat was am Kopf."

"Liebe Frau", sagt der Sensationsreporter. "Wenn ich jeden knipsen sollte, der was am Kopf hat, könnte ich meinen Beruf vergessen!"

Da geht die Frau verbittert weiter, immer weiter. Sie kommt an einen geschlossenen Formulareladen. Sie klopft an.

"Wer da!" ruft eine gruselige Stimme.

"Ich bins", sagt die geschaffte Frau und schiebt einen O.B.-Leitfaden unter der Jalousie hindurch.

"Was ist das?" fragt die gruselige Stimme.

"Liebhaber-Literatur", flüstert die Frau.

"Was soll ich denn damit?" fragt die gruselige Stimme.

"Ich denk du sammelst alles, was mit der Zeit an Wert gewinnt."

"Nicht mehr", sagt da die gruselige Stimme. "Ich hab die Schnauze voll. Alles ist vollgestopft. Ich kann mich kaum bewegen.

"Mach mal die Tür auf", sagt die Frau.

"Geht nicht", antwortet die Stimme.

Da geht die Frau weiter, weiter, immer weiter und kommt an einen Brunnen. Vorsintflutliche Skulpturen vergnügen sich darin mit Schrott.

Über dem Wasserspiegel tutet ein mannstiefes Horn: "Du kannst nicht treu sein!"

"Oh", ruft die Frau. "Diese Volksmusik hat aber auch auf alles eine Antwort!"

Sie springt in den Brunnen und ergibt sich.

Ihr Damenbart wird abrasiert.

General von Schmusewitz bringt sie auf seine Datscha. Er zeigt ihr seine Rosen.

"Wie heißt die da?" fragt die Frau. "Die mit den dicken Dornen."

"Das ist DIE TUNTE VON KÖLN, eine meiner stärksten Züchtungen."

Die Frau schaut auf die Uhr: "Mein Flugzeug geht in acht Minuten. Wie weit ist es zum Airport?"

"Zu Fuß gut zehn Minuten", sagt der General. "Aber wenn sie erlauben, stelle ich ihnen meinen Privatjet zur Verfügung. Wo solls denn hingehn?"

"Zum Airport", sagt die Frau.

Der Canyon

Es gibt wohl kaum ein Naturwunder, das sich nicht mit dem Scholz-Canyon messen könnte.

Denn der Scholz-Canyon, benannt nach seinem Entdecker Erwin Scholz, ist eine eher bescheidene Sehenswürdigkeit.

Knapp sechs Meter breit und einen halben Meter tief, durchzieht er die Gegend um SCHICKSAL A.D. PEINE wie ein stinknormales, stillgelegtes, altes Flußbett.

Doch gerade dieses unspektakuläre Charakteristikum macht wohl den Reiz des Canyon aus.

Gerade in unserer Zeit der Riesensensationen, der Gigantomanie des modernen Medienmenschen läßt dies ihn zu einer willkommenen Abwechslung werden, die nie mehr verspricht, als sie auch halten kann.

Das hatte Hermann Klarow, der Bürgermeister von SCHICKSAL, schon letztes Jahr erkannt und sofort das örtliche Grafikbüro PUNKTUM mit der Erstellung eines handlichen Prospekts beauftragt. Der hat nun längst die Druckerei verlassen. Überall auf der Welt, besonders aber in Mitteleuropa und dort vor allem entlang der Peine, findet er reißenden Absatz.

Er kostet ganze 2 DM und informiert unglaublich knapp und sachlich über die Vorzüge des Scholz-Canyon.

Der Canyon sei, so heißt es, ein ungemein sympathischer Ort, dessen angenehmes, zurückhaltendes Wesen jedem Besucher zur freiesten Entfaltung Anlaß gäbe.

Er kann und will nicht faszinieren, heißt es weiter, nicht um den Preis den Blick des Menschen einzuengen, ihn zu fixieren auf die grossen Gesten der Natur, denen gegenüber sich der Mensch dann mickrig, wenn nicht überflüssig, vorkäme.

Wieviele Depressionsgeschichten hätten ihren Anfang z.B. beim Anblick der Niagarafälle oder des Pazifischen Ozeans genommen.

Ganz anders dagegen der Scholz-Canyon.

Er sagt den Menschen: “Komm! Stell dich in meine Mitte und fühl’ dich wie zu Haus!”

Kein Protzen, keine Drohgebärden.

Und selbstverständlich heißt es zum Schluß, sei der Canyon natürlich eine ideale Plattform für Begegnungen aller Art.

Denn, wo die Natur sich nicht als Faszinosum aufdränge, fange der Erholungssuchende die Blicke Gleichgesinnter auf. Kontakte würden unumgänglich. Schon stellten sich die Fragen wie von selbst: “Wo kommen Sie denn her? Wie geht’s? Was machen Sie sonst so?”

Kleine Zärtlichkeiten ergeben sich genauso wie handfeste Auseinandersetzungen.

Gerade diese Offenheit der Werbung beeindruckt.

Die Ehrlichkeit, mit der es Interessierten ermöglicht wird, sich ein objektives Bild vom Canyon Scholz zu machen!

Anfangs gab es Kritiker, die meinten, der Mensch will betrogen werden.

Sie sind verstummt.

Der überwältigende Erfolg hat dem Bürgermeister Recht gegeben.

Täglich besuchen Hunderte von außerhalb den Canyon. An Wochenenden sogar Tausende.

SCHICKSAL ist mittlerweile ein Fremdenverkehrszentrum geworden. Die Hotels schießen wie Pilze aus dem Boden.

Aber alles flache Bauten, wie der Bürgermeister versichert.

Wir fragten ihn zum Abschluß unseres Gesprächs nach der Gefahr, der Scholz-Canyon könne irgendwann zum Canyon der einsamen Herzen verkommen.

Da lachte er und meinte: “Ach der Canyon zieht doch alle an, die Ficksau wie den Gentleman! Was kann man da noch sagen?”

Laue Nacht am Hafen

“Wer hat da gegen das Garagentor gedonnert?” rief die Frau des Hafenwächters.

“Ich bin’s”, brummte Notinspektor Fluter. “Ihr Auto soll einen Unfall verursacht haben! Ich muß es untersuchen. Werfen Sie mir die Schlüssel runter!”

Anke Ebbinghaus schloß das Fenster und schickte ihren Mann nach unten.

“Unser Auto”, sagte Karl-Jakob Ebbinghaus, den Freunde Kajak nannten, “war den ganzen Tag über in der Garage. Es hat heute noch keinen Zentimeter zurückgelegt.”

Er zog ein Foto aus dem Schlafanzug und hielt es dem alten Fluter vor die Nase.

“Da, sehen Sie!”

Der Notinspektor blickte ruhig hin.

Er sah den Kilometer-, Meter- und Zentimeterstand von Kajaks Auto. Daneben hielt jemand die Zeitung von gestern ins Bild.

Kajak schloß die Garage auf und dann das Auto.

“So, und nun vergleichen Sie!”

Fluter verglich die Zahlen. Sie waren identisch.

Kajak grinste weit und breit.

“In Ordnung”, sagte Fluter. “Dann hat die Boje wohl ein anderer gestreift.”

“Welche Boje?” fragte Kajak.

“Trockenboje Angela”, sagte der Notinspektor. “Sie war völlig fertig. Ich mußte sie aus dem Verkehr ziehn. Jetzt liegt sie bei mir zu Hause auf der Couch und tröstet sich mit Cola-Fläschchen.”

“Das sieht ihr ähnlich”, schimpfte Kajak. “Wegen ein paar Kratzern gleich blau machen.”

“Na!” rief Fluter. “Da ist schon eine Menge Lack ab. Morgen will ich sie in die Werkstatt fah..."

Er hielt inne.

"Sie scheinen Angela ja gut zu kennen", sagte er dann.

"Flüchtig", antwortete Kajak. "Ich fahre oft an ihr vorbei. Wir grüssen uns hin und wieder."

"Wieso lügen Sie", fragte der Inspektor. "Warum geben Sie nicht zu, daß Sie mit dieser eingebildeten Trockenboje ein Verhältnis haben? Und sie aus Eifersucht angefahren haben, weil es jemanden gibt, den sie mehr liebt als Sie?"

"Und wen?" fragte Kajak.

"Den Wind!" sagte Fluter.

"Nicht zu fassen", stammelte Kajak, der Hafenwächter, "wie haben Sie das so schnell herausgefunden?"

"Kann sich doch jeder denken", winkte der Inspektor ab.

"Ich mir nicht", sagte Anke Ebbinghaus und trat aus der Waschküche, wo sie gestanden und gelauscht hatte.

"Die Trockenboje hat mich über die Hintergründe informiert", sagte der Inspektor. "Wo haben Sie ihren Zweitwagen versteckt?"

"Im Gewächshaus", sagte Kajak und ging voran.

Er öffnete die leichte Holztür und führte Fluter hinter die Tomatenwand.

Da stand das Auto.

Die ganze rechte Seite war beschädigt.

Fluter zog seine Dienstpistole aus dem Holster und dirigierte das raffinierte Pärchen in die linke hintere Ecke des Glaskastens vor den mächtigen Rhabarber.

Dabei fiel ihm auf, wie vorsichtig die Eheleute waren und wie bedacht, die Pflanze nur nicht zu berühren.

Er rief: "Das muß wohl eine ganz besondre Sorte sein!"

"Und ob", sagte Anke, "das ist das Guten-Tag-Gemüse. Es grüßt jeden Fremden. Überzeugen Sie sich selbst!"

Fluter sah sie mißtrauisch an.

"Kommen Sie", rief Kajak, "wir gehen in die andere Ecke. Da können Sie uns genauso gut in Schach halten."

Fluter nickte und dirigierte das Paar mit der Pistole in die rechte Ecke.

"Legen Sie Ihren kleinen Finger an den Blattrand", sagte Anke.

Fluter behielt das Paar im Auge und legte den kleinen Finger seiner linken Hand an den Rand des riesigen Blattes, das sich blitzschnell zur Tüte formte, zuerst die Hand und dann den ganzen Fluter einsog.

Kajak und Anke Ebbinghaus schlugen die Hände gegeneinander, wie es die Basketballer tun, und gingen mit beschwingten Schritten in ihr

Haus zurück.

Anke legte sich schlafen.

Der Hafenwächter schrieb in sein Berichtheft: *Heute konnten wir endlich den Fetischistenkiller Müller alias Notinspektor Fluter mit Hilfe des Kannibal-Rhabarbers eliminieren.*

Jutta und ihre Folgen

Wie schnell sich etwas ändern kann, mußte vor kurzem Jutta K. aus Rothenburg erfahren.

Am Sonnabend war sie in aller Stille zur MISS PISTAZIE gewählt worden.
Am Sonntag hatte sie noch in aller Ruhe die lukrativen Werbeverträge unterzeichnet.
Am Montag war schon alles Schall und Rauch.

Es tauchten in der Presse Fotos auf, die sie nur karg bekleidet beim Knacken einer Para-Nuß zeigten. Das stempelte Jutta K. eindeutig zur Betrügerin. Vor der Konkurrenz hatten alle Teilnehmerinnen schwören müssen, verrückt nach Pistazien zu sein und noch nie eine andere Nuß angerührt zu haben. Die Verträge wurden sofort annulliert. Das schicke grüne Chanel-Kostüm wurde noch am Vormittag samt Krönchen vom Laufburschen eines Jury-Mitglieds abgeholt. Die Zweitplazierte Putzi Pohmann aus Frankfurt/Oder wurde zur neuen MISS PISTAZIE gekührt.

Juttas Eltern schämten sich in Grund und Boden.
Sie schickten die verkommene Tochter aus dem Haus.
Ihr Verlobter Jürgen, dem sie die Idee, an diesem schönen Wettbewerb teilzunehmen, eigentlich verdankte, wollte nichts mehr von ihr wissen. Und ihre besten Freundinnen konnten endlich mal dem Neid auf Juttas tolle Figur freien Lauf lassen.

Nun saß das arme Mädchen da, allein, in Sichtweite des Elternhauses auf der Bordsteinkante und alles was sie jetzt noch hatte war ihre alte Schlabberhose.
Die wollte Jutta trösten und sprach: “Ach Jutta, sei nicht traurig.

Die Welt ist groß. Du bist nicht auf den Mund gefallen und wir leben im Zeitalter der Kommunikation. Ich bin anspruchslos, bequem und unauffällig. Da wäre es doch gelacht, wenn wir zwei nicht irgendwo unterkommen könnten. Vielleicht sogar beim Film. Wer weiß, steh auf. Wir gehn nach München."

Jutta sah die Schlabberhose mit großen Augen an. Sie streichelte die Hose und wischte sich mit ihrem blonden Haar die Tränen fort.

Sie brachen auf nach München.

Dort wurde Jutta Flittchen und die Schlabberhose landete in einem Altkleider-Depot als Wischlappen.

Normalerweise hätte die Putzfrau sie nach ein, zwei Wochen weggeworfen. Wegen ihrer Super-Saugfähigkeit aber wurde die Schlabberhose zum Star der Raumpflegestation.

Der Schrubber Erwin verliebte sich in sie.

Eines Nachts, als alle anderen schliefen, rutschte er zur Schlabberhose, die noch halbnaß und müde über dem roten Plastikeimer Egon hing.

"Wie heißt du?" fragte er die Schlabberhose.

Sie fuhr erschrocken hoch und zischte: "Du hast ja einen stehn!"

"Weiß ich", sagte Erwin leise. "Hast du was gegen Leute mit Stiel?"

"Im Gegenteil", sagte die Schlabberhose. Sie suchte fieberhaft nach einem Namen, denn sie hatte keinen.

"Also", sagte der charmante Schrubber, "sagst du mir deinen Namen?"

"Jutta", sagte die Schlabberhose. "Ich heiße Jutta."

Der Schrubber sah ihr in die Augen und sie erwiderte seinen sehnsuchtsvollen Blick. Beide spürten, daß es Liebe war. Die wahre Liebe.

Von da an waren beide unzertrennlich und wurden für ihre Umwelt zum Problem.

Ständig hingen sie zusammen. Ständig drang aus irgendeiner dunklen Ecke das Echo ihres rasenden Verlangens. Selbst der liberale Depot-Leiter, der die Ruhestörungen anfangs noch auf die leichte Schulter nahm und weise wirkte, als er meinte, daß der Sturm sich legen würde, mußte der Schlabberhose Jutta und dem Schrubber Erwin nach vierzehn Tagen auf Drängen seiner Mitarbeiter wegen Verursachung pornographischer Geräusche die Kündigung überreichen.

Nur schwach und unbeteiligt nahmen die beiden Liebenden den Vorgang durch den Filter ihrer jubelnden Gefühle wahr. Jedoch die Nacht darauf mußten sie schon auf dem Hof verbringen. Zusammen mit zwei ausrangierten Schreibmaschinen, die beide Gabriele hießen, und einer unsympathischen uralten Festplatte.

Am nächsten Morgen beschloß das Pärchen nach Süden aufzubrechen.

So begann für sie eine herrliche Zeit des Vagabundierens.

Die elegante Jutta, immer lässig bis zum Saum und der schlanke Erwin, der neben seiner lockeren Gefährtin stets etwas hölzern wirkte. Sie sahen Füssen und Bad Tölz, besuchten Reit im Winkl, Berchtesgaden und noch viele andre weltberühmte Orte.

Bis ihnen eines Tages das Unglück begegnete.

Es hatte einen Sturzhelm auf aus Lebkuchen mit Zuckerguß, trug einen fahlen Parka und machte insgesamt einen verwegenen Eindruck.

Als es Jutta sah, erhellte sich sein finsteres Gesicht, denn die Schlabberhose traf genau seinen Geschmack.

Das Unglück zog sie an und Jutta paßte wie angegossen.

“Halt!” rief Erwin noch. “Ziehen Sie sofort meine Verlobte aus!”

Aber das Unglück wunderte sich nur und schleuderte den wehrlosen Schrubber über den Brenner bis weit nach Südtirol hinein. Dort bohrte er sich in den Garten eines Herrgottsschnitzers und schlug aus Verzweiflung Wurzeln.

“Ein Wunder!” rief der tiefgläubige Mann, als er entdeckte, was da auf seinem Boden vor sich ging.

Der Vatikan entsandte acht Experten. Alle bestätigten den Verdacht des Schnitzers.

Ein Wunder ist geschehen, faxten sie dem Papst nach Peking, wo dieser sich den Platz des Himmlischen Friedens so gut es ging einprägte, weil er ihn in der Nähe von Neapel maßstabgetreu nachbilden wollte.

Als er die Nachricht aus der Heimat las, blieb er gelassen.

Er hatte schon zu viele Flops erlebt, als daß er wegen sowas seine Reise vorzeitig abgebrochen hätte.

Er faxte schöne Grüße nach Tirol. Er sei gespannt darauf, welche Früchte der heilige Baum tragen werde.

In der Zwischenzeit hatte das Unglück ganz Europa auf der Suche nach passenden Schuhen abgeklappert. Nach Schuhen, die zu Jutta paßten.

Als es noch keine Hose hatte, waren ihm alle recht gewesen, nun aber war es wählerisch geworden.

Es suchte überall, es drehte jeden Europäer dreimal um. Vielen wurde schwindlig und sie riefen:

“Hui! Wir hängen in der Luft!”

Das Unglück ließ sie hängen.

Es stürzte sich auf einen Parkplatz, um ihn zu verwüsten.

Der Parkplatz rief in seiner Not: "Oh bitte, tu mir nichts! Ich bin ein großer Fan von dir und ganz frisch asphaltiert."

Das Unglück stutzte. "Was, du willst mich ablenken?"

"Nein", rief der Parkplatz. "Ich will dir helfen!"

"Hast du das gehört, Jutta?" fragte das Unglück die Schlabberhose. "Der Parkplatz will uns helfen."

"Ja", sagte Jutta. "Was ist daran so komisch? Ein Parkplatz ist von Natur aus hilfsbereit. Wer weiß, vielleicht hat er eine Idee, wo du die Schuhe finden kannst."

"Schuhe?" fragte der Parkplatz. "Ihr sucht Schuhe?"

"Ja", sagte Jutta, "wir suchen Schuhe, die zu mir passen. Wir waren schon überall."

"Auch in den großen Museen?" fragte der Parkplatz.

Jutta nickte.

"Seht ihr das Gebäude da vorne?" fragte der Parkplatz und zeigte auf eine Deutsche-Bank-Filiale. "Da müßt ihr graben. Da liegen Schuster aus der Bronzezeit mit ihren Musterkoffern. Sie wurden damals bei einer Fachmesse von einer Kältefront überrascht. Luftmassen polaren Ursprungs nagelten sie in ihren Kojen fest. Sie müßten gut erhalten sein und ihre Schuhe auch."

"Woher willst du das wissen?" fragte das Unglück.

"Ich habe eine archäologische Ader", sagte der Parkplatz.

Jutta flüsterte dem Unglück zu: "Laß uns nachsehn. Wenn er gelogen hat, können wir ihn immer noch verwüsten."

Das leuchtete dem Unglück ein.

Es lief zum Grundstück der Deutschen Bank und schob das Gebäude zur Seite auf die Straßenkreuzung. Die verwirrten Autofahrer stiegen aus und streichelten den Nachtschalter, ein Ereignis, das als 'Zarte Welle' in die Annalen des Straßenverkehrs einging.

Derweil buddelte das Unglück wie besessen nach diesen Schuhen aus der Bronzezeit.

Es wurde fündig. Der Parkplatz hatte nicht gelogen!

Das Unglück entschied sich nach langem hin und her für ein Paar rustikale Stiefeletten mit Plateausohlen aus Bronze. Das Obermaterial war herrlich weich und über und über mit erotischen Motiven bedeckt.

Das Unglück freute sich wie Hansi Blötkontainer bei seiner ersten Pressekonferenz. Es tanzte wild und ungehemmt als Hurrikan durch ganz Deutschland und blieb mit seiner Hose an einem Tannenbaum hängen, den eine glückliche Familie gerade in ihrem Garten gepflanzt hatte.

Jutta wurde zerrissen.

Die glückliche Familie wunderte sich über die kaputte Schlabberhose in ihrem Weihnachtsbaum.

Die Kinder riefen: "Was soll das? Wer hat dich hier verloren?"

Die Mutter sagte: "Still! Seid still. Sie will uns etwas sagen."

Und der Vater rief: "Zu spät. Sie ist tot. Vielleicht kannst du aus ihr noch ein paar hübsche Vorhänge zaubern, Hilti."

Die Mutter wehrte ab: "Maggifarbene Vorhänge wirken deprimierend, Jochen. Denk an unseren Campingurlaub letztes Jahr. Das Zelt hatte die gleiche Farbe."

"Nein", sagte der Vater, "das Zelt war ocker, dunkelocker."

"Streitet euch nicht", schlugen die Kinder vor. "Wir zünden die olle Hose an, dann ist alles wieder gut."

Der Vater gab ihnen sein Feuerzeug und Jutta ging in Flammen auf.

Sie schmolz den harten, schmutzigen Schnee und übrig blieb ein Häufchen Asche, das die Kinder mit gespielter Aggressivität in Grund und Boden stampften.

Als das Unglück merkte, daß es Jutta verloren hatte, machte es unverzüglich kehrt und war untröstlich, daß es sie nicht finden konnte. Es weinte sich die Augen aus und schlug blindlings um sich.

Dabei traf es einen Felsen in der Tschechischen Republick.

Ein unbekanntes Bier quoll aus der frischen Spalte. Das Unglück taufte es auf den Namen 'Jutta Pilsener'.

Es ist inzwischen auf der ganzen Welt verbreitet und wird bei NATO-Einsätzen deutscher Truppen als Anal-Gel eingesetzt.

Soviel zu Juttas Ende.

Was aber war mit Erwin?

Der blühte auf in Südtirol.

Und als der Sommer kam, staunten die unzähligen Pilger nicht schlecht, als tausend kleine Schlabberhosen an Erwins Zweigen tanzten. Sie grapschten nach ihnen, als wären sie der Rocksaum des Herrn.

So kam es, daß der Papst die SCHWEIZER GARDE in den Wundergarten schickte.

Die schlug mit ihren blanken Hellebarden so manchem auf die Pfoten, der glaubte, gratis geheilt werden zu können.

Das Flüstern der Flamingos

Wir hatten uns verabredet.

Punkt fünf vor der AOK.

Aber wer nicht kam, war Monika.

Sollte sie unsere Verabredung vergessen haben? Oder verdrängt? War sie bei einem andern? Machten beide Witzchen über mich und meine Schüchternheit?

Ich suchte nach Erklärungen. Kurz vor halb sechs kam mir alles verdächtig vor. Ich meine alles.

Die Wolken hingen schwer und grau. Die Busse schleppten sich vorüber. Aus ihren Fenstern blickten mich die Menschen mürrisch an.

Die Menschen wollten sagen: "Das darf doch nicht wahr sein, wo bleibt die Polizei?" Die fuhr jedoch direkt hinter den Bussen her und wirkte übernächtigt.

Vor einer Telefonzelle hatte sich eine kleine Menschenmenge gebildet, ohne ersichtlichen Grund.

Beim Gärtner gegenüber gab's Geschrei. Zwei Alpenveilchen flogen auf die Straße. Hinterher ein Eimer Gerberas.

"Ich kann die Blüten nicht mehr sehn!" schrie eine Frau.

Dann gab es einen Aufprall an der Kreuzung. Rechts von mir.

Ein PKW hatte ebenfalls ohne ersichtlichen Grund, also in voller Absicht, eine Ampel umgeknickt.

Die Ampel hatte den Dackel eines älteren Herrn erschlagen.

Ich lief sofort zum Unfallort. Gemeinsam mit einem Frührentner, der vor mir da war, beschimpfte ich den verletzten Autofahrer.

Der Dackel hieß tatsächlich Little Joe.

Immer wieder stammelte der sehr gepflegte Herr den Namen seines treuen Partners. Er nahm das tote Tier hoch und trug es um die Ecke auf den Kinderspielplatz. Der Mann stand noch unter Schock. Im Schattten der Rutsche begann er, das geliebte Tier mit bloßen Händen zu beerdigen.

Zwei Mütter, deren Kinder wippten, schritten ein. Sie hatten keine Ahnung von der Tragödie und scheuchten den verstörten Mann in eine Kneipe.

Ich wandte mich ab und bat den Frührentner, der sich jetzt beruhigt hatte, um eine Zigarette.

Es war schon sechs. Mit Monika war nicht mehr zu rechnen.

Ich ging zum Auto und setzte mich ratlos ans Steuer mit der Gewißheit, daß sie einem Verbrechen zum Opfer gefallen war.

Ich fuhr zu ihr nach Hause, obwohl sie mich gewarnt hatte. *Mein Mann kann Karate!*

Ich klopfte an die Wohnungstür neben dem Namensschildchen, auf dem nur SCHRÖDER stand.

Die Tür ging auf.

Ein hagerer, nervöser Typ stand vor mir.

Ich gab mich als AUTOBAHNBEFÜRWORTER aus, der die Stimmung im Volk herauskriegen sollte und fragte, ob eher JA oder NEIN.

Der Mann sagte: "Eher JA."

Der Typ wollte mich abwimmeln.

"Moment mal", rief ich, "was denkt Ihre Frau?"

"Auch eher JA", sagte der Mann.

"Woher wollen Sie das wissen?" fragte ich, freundlich.

Er sagte, genauso freundlich: "Aus Erfahrung."

"Hören Sie", sagte ich, nun ein wenig streng. "Das müßte ich von ihr persönlich hören. Sonst kann ich ihre Stimme nicht mitzählen."

"Monika!" rief der Mann. "Komm doch mal an die Tür!"

"Ja, Schatz!" hörte ich Monika von weitem.

Schon hörte ich ihre Schritte.

Sparsam geschminkt, in einem weißen Pulli, tauchte sie aus dem dunklen Flur auf.

"Liebling", sagte der Mann, "der Herr hier will was wissen."

Ohne Anflug von Verlegenheit, kein bißchen überrascht, sah Monika mir in die Augen.

Sie hörte meine Frage und meinte: "Eher NEIN."

"Sehn Sie", sagte ich zu ihrem Mann, "so kann man sich täuschen."

Ich zog meinen Notizblock, den ich stets mit mir herumschleppe, aus der Innentasche meines Mantels, schlug ganz hinten auf und machte zwei Kreuzchen.

Eins links, eins rechts.

“So”, sagte ich, “das war's dann schon. Auf Wiedersehn.”

Die Schröders sagten beide TSCHÜSSI.

Nacheinander und gleich laut.

Ich stieg eine Treppe höher und hörte, wie die Tür ins Schloß fiel.

Dann ging ich die Treppe wieder runter.

So gut es ging mußte ich meinen Schrecken verbergen. Monika und ihr Mann standen vor der geschlossenen Tür.

Ich sagte lächelnd FEIERABEND und tänzelte an den beiden vorbei.

Ich fuhr ins Fitneß-Center, um mich abzulenken.

Die nächsten Tage waren eine einzige Tortur.

Ich hatte einen Job als Fan-Post-Öffner bei einem privaten Fernsehsender angenommen.

Die Arbeit erlaubte mir, die schöne Zeit mit Monika noch einmal Revue passieren zu lassen.

Sollte diese Liebe wirklich so zu Ende gehen?

Am Wochenende rief mich Phillip an. Er war ein alter Freund und Theaterautor. Seine Stücke hatten nie eine Bühne gesehen.

Ich fragte, wie stets, nach seiner neusten Komödie.

Er sagte: “Stell dir vor, es ist Krieg. Und keiner finanziert ihn. Die Soldaten müssen arbeiten gehn und können erst nach Feierabend an die Front.”

“Also, es geht um die Doppelbelastung der Truppe. Durch Arbeit und Beruf”, unterbrach ich.

“Nicht wirklich”, korrigierte Phillip. “Ich brauche diesen Einstieg nur als Vorbereitung für die eigentliche ...”

Knack - machte es in der Leitung. Die Verbindung war weg. Kein Ton mehr. Kein Geräusch.

Ich legte auf, wartete ein paar Sekunden und wollte Phillip zurückrufen.

Da gingen alle Lichter aus. Und ich hatte die erste Erscheinung meines Lebens.

Ausgerechnet mir passierte das Unglaubliche, obwohl ich schon meine Großmutter wegen ihrer exzessiven Wallfahrterei verachtet hatte.

Vom Fensterkreuz, das vor dem blauen Nachthimmel lehnte, stiegen zwei Gestalten herab. Ich konnte einen Mann und eine Frau erkennen.

Als sie ganz nah vor mir standen, sah ich, daß der Mann Roy Black, der legendäre Schlagersänger, war.

"Was kann ich für Euch tun?" brachte ich stockend hervor.

"Frag Maria!" sagte der angegraute Sänger.

Jetzt wurde mir klar, wie hoch dieser Besuch war. Denn die Mutter Gottes ist auch für einen Ungläubigen mindestens so prominent wie Madonna oder Maradona.

Ich sah Maria an, stellte meine Frage aber nicht nochmal.

Es war gar nicht nötig, denn Maria sprach und zwar eindringlich. In gebrochenem Italienisch machte sie mir klar, daß ich die Sache mit Monika vergessen solle.

Ein für allemal.

Roy Black nickte die ganze Zeit.

Auf ein Zeichen der Begleiterin begann er, meine Fotoalben zu durchsuchen, riß alle Bilder, auf denen Monika zu sehen war, heraus und verbrannte sie durch bloße Konzentration.

Zielstrebig vernichtete er alle Sachen in meiner Wohnung, die an Monika erinnerten. Wieder durch bloße Konzentration.

Ich wollte protestieren, konnte aber meine Augen nicht von Maria abwenden. Meine Stimme versagte.

Maria lächelte.

Roy Black kam nach getaner Arbeit aus dem Badezimmer. Dann stellte er sich neben die Frau in Weiß und beide lösten sich rückwärtsgehend in Luft auf.

Es war, wie gesagt, die erste Erscheinung meines Lebens, und ich entsprechend mitgenommen.

Der Abscheu gegen alles Katholische löste in mir Schwermut und Scham aus. Scham wegen der offenbaren Schwäche für die übernatürlichen Aspekte dieser Glaubensrichtung. Mit dieser schweren Krise gingen kritische Gedanken über meinen beruflichen Werdegang einher. Ich dachte an Umschulung, und immer stärker drängte sich die Frage nach meiner Identität in den Vordergrund. War ich wirklich der, für den mich meine Umwelt hielt? War ich wirklich ein umgänglicher Mensch mit eigenen Gedanken, sozialer Ader und sportlicher Begabung? Schlummerte in mir nicht auch ein Monster, eine geltungssüchtige, sexbesessene Bestie, amoralisch durch und durch, von Todessehnsucht angestachelt, bisher allein durch eingefleischte Angst vor Strafe im dunklen Schacht der Seele ruhig gestellt? War meine Freundlichkeit, selbst Fremden gegenüber, nicht auch nur eine Maske, die mein wahres Gesicht verbergen sollte, diese Fratze heidnischer Rachsucht? Wollte ich nicht im Grunde meines Herzens die Schmach meines bisherigen Lebens tilgen, eines Lebens im Mittelmaß, gewöhnlicher Gefühle unter der Diktatur Amerikas und seiner kindischen Zufriedenheit mit der Beherrschung neuer Technik?

So bohrten sich Zweifel in mein angeknackstes Selbstbewußtsein, Zweifel in Form von Platitüden, wie Phillip meinte, als ich ihn nach drei Tagen anrief und ihm meine Situation schilderte.

"Du willst mein Freund sein?" schrie ich ins Telefon und warf den Hörer fort.

Am nächsten Morgen wachte ich mit Kopfschmerzen auf. Die Schmerzen kamen in den nächsten Wochen immer wieder und dehnten sich über den ganzen Körper aus.

"Kopfschmerzen im ganzen Körper?" fragte meine neue Ärztin.

Als sie kurz ins Nebenzimmer ging, um sich ein neues Rezeptblöckchen zu holen, warf ich einen Blick auf meine Akte, die sie eben erst begonnen hatte.

Psychosomatische Beschwerden bei hysterischer Persönlichkeit, stand da.

"Wie kann ein Mensch so etwas über einen anderen schreiben?" dachte ich in meinem ausgelaugten Zustand.

Schließlich verschrieb sie mir Ultraschallmassagen. Die machten mich aber nur noch müder.

Ich begriff, daß es sinnlos war, auf fremde Hilfe zu hoffen.

Ich mußte mir selber helfen, das war klar.

Die Lösung meiner Probleme konnte nur über die Klärung des Verhältnisses zu Monika erfolgen. Denn Monika ging mir nach wie vor nicht aus dem Sinn.

Hatte sie mir nicht von ihrer Begeisterung für die Tierwelt erzählt, damals im Freibad? Ja, sie hatte mir regelrecht von den Walen vorgeschwärmt, von ihrer Zärtlichkeit beim Liebesspiel. Über die Ausrottung ganzer Arten hatte sie gesprochen.

Eine vage Hoffnung trieb mich in den Zoo.

Es war ein diesiger Novembertag.

Ich hatte meinen Arbeitslosenausweis vergessen und mußte den vollen Eintrittspreis bezahlen.

Die Pelikane standen dicht gedrängt am Zaun und sahen mich aggressiv und fordernd an.

Ich pickte mir einen heraus und sah ihm tief in die Augen, ohne an irgendwas zu denken.

Da spürte ich eine Hand auf meiner Schulter.

"Heinz, was machst du denn hier?" fragte mich Monika.

“Ich suche dich, nur dich,” gab ich ohne Umschweife zu.

“Aber warum starrst du dann die Pelikane an?” hakte sie nochmal nach. “Flamingos sind doch meine Lieblingstiere. Du solltest die mal flüstern hören.”

“Flüstern?” fragte ich.

“Ja, flüstern”, sagte sie.

Und damit war für mich die ganze Angelegenheit beendet.

Ich schubste sie gegen den Zaun des Pelikangeheges und rannte zum Ausgang.

Ich fuhr hinaus in die Natur und beschloß, noch in der gleichen Nacht mein Meisterwerk zu malen. Es würde ‘Förster-Liesl’ heißen und so zerfleddert aussehen wie sonst nur Engelvieh.

Wandern und Knallen

Die Marionetten des Verstandes hatten sich in einer fahlen Rum-Bar eingefunden und dachten über die nächsten Schritte nach. Ein gesprenkelter Muskelkäfer kam angeflogen und schlug über den Gläsern der Marionetten seinen Harn ab. Die Marionetten fühlten sich als Fäkalienopfer und beschwerten sich beim Wirt der Rum-Bar.

"Was sind das denn für Zustände, wenn gesprenkelte Muskelkäfer unsere Getränke ruinieren?"

"Das sind schlimme Zustände", jammerte der Wirt, "aber ich bin machtlos! Letzte Woche hat mich ein Muskelkäfer auf den Bauch geschmissen und mir den Steiß poliert. Tagelang konnte ich nicht sitzen! Diese Käfer sind eine Plage!"

Die Marionetten beratschlagten, wie dem Wirt zu helfen sei. Der Hintergedanke Elmar regte an, einen Käferknacker kommen zu lassen.

"Käferknacker sind nicht billig. Aber wenn wir zusammenlegen, reicht es vielleicht!"

Die Marionetten leerten die Energiebeutel. Zusammen ergab es nur eine kleine, kalte Mahlzeit.

"Dafür kann ich mir nichts kaufen", seufzte der Wirt.

Was nicht ganz stimmte, denn durch den guten Willen der Marionetten lichteten sich die Nebel der Resignation und der Wirt sah eine Möglichkeit. Man müßte unsichtbare T-Träger in ihrer Lieblingsflughöhe anbringen. Die Käfer würden schön zusammenzucken!

"Gibt es unsichtbare T-Träger?" fragten die Marionetten.

"Es gibt sie", seufzte der Wirt, "aber ihr seid nicht stark genug, sie herzuschaffen. Und ich kann den Laden nicht im Stich lassen."

Er sammelte die vollgeschifften Gläser der Marionetten ein, goß sie im Pissoir aus, stellte saubere Gläser auf den Tisch und füllte sie bis an den Rand mit köstlichem Romantik-Rum.

"Wißt ihr schon, was ihr als nächstes tun wollt?" fragte er die Marionetten.

Sie schüttelten ihre großen Köpfe.

"Wollt ihr mir wirklich helfen?" fragte er.

"Ja", sagten die Marionetten, ohne rot zu werden, obwohl sie noch nie jemandem wirklich geholfen hatten.

"Gut", sagte der Wirt. "Nehmt meine Schreckschußpistole und wandert nach Norden. Hier ist die Munition. Wenn ihr müde seid, muntert euch mit Schüssen auf. WANDERN UND KNALLEN, so soll es sein! Geht nach Hamburg und sucht dort den WUNDERBRUNNEN. Da findet ihr ein unmögliches Möbelhaus aus der Nähe Dänemarks. In diesem Möbelhaus arbeitet eine alte Freundin von mir als Kleinteildisponentin. Sie heißt Ikea Sesselström. Hängt euch an ihre Ohren und brüllt: 'Jetzt geht's los!' Dann weiß sie, was zu tun ist. Auf geht's!"

Die Marionetten tranken ihre Gläser leer und machten sich auf den Weg.

Sie befolgten den Rat des Wirtes und wanderten und knallten, daß es eine Freude war. Sie fanden Hamburg. Sie fanden den WUNDERBRUNNEN und sie fanden auch das Möbelhaus. Aber als sie nach der Kleinteildisponentin Ikea Sesselström fragten, ernteten sie reichlich Kopfschütteln und für protestantische Verhältnisse massive Heiterkeit.

Die Marionetten begriffen, daß der Wirt sie böse verschaukelt hatte. Er und die Muskelkäfer steckten unter einer Decke. Und sie waren auf das ganze Theater hereingefallen! Müde leckten sie sich ihre wunden Füße und schliefen ein so schnell sie konnten.

Zwei Tage später machten sie sich auf den Rückweg und wanderten und knallten.

Als er den lauten Haufen kommen hörte, staunte der Wirt nicht schlecht und wollte das Ruhetag-Schild umdrehn.

Die Marionetten des Verstandes waren aber schon eingetreten und riefen: "Hallo Wirt! Das hat ja alles obercool geklappt. Ikea ist phantastisch! Wie die Sesselström die T-Träger organisiert hat! Quasi aus dem Nichts, das war Weltklasse!"

"Die T-Träger?" fragte der Wirt. "Ihr habt sie wirklich? Die unsichtbaren T-Träger?"

"Draußen liegen sie", sagten die Marionetten, "wir müssen sie nur noch installieren! Dann werden sich die Muskelkäfer ganz schön umschaun!"

Der Wirt stürzte aus der Bar und rieb sich die Augen.

Die Muskelkäfer hatten an der Kellertür gelauscht und folgten ihm auf die Straße. Sie fühlten sich hintergangen und umschwirrten seinen Kopf wie Motten das Licht.

Der Wirt drehte durch und schlug nach ihnen. Die Muskelkäfer stürzten alle ab und brachen sich die Flügel.

Die Marionetten riefen einen Krankenwagen. Der brachte die Tiere in die Klinik.

Der Wirt weinte: "Meine schöne Attraktion. Meine Pinkel-Sensation! Wie soll ich nun die Gäste locken?"

"Mit uns", sagten die Marionetten. "Bau uns eine Bühne. Es kann auch eine unsichtbare sein. Dann singen wir und tanzen, bis die Gäste nach hinten knicken."

"Welche Songs habt ihr drauf?" fragte der Wirt.

"Wurde aber auch Zeit!" sangen die Marionetten.

Und sie erbten das ganze Gefühl.

La Luna

Mit versteckter Abflußkamera hatte die Umweltpolizei Heinz ertappt, wie er schimmelige Aprikosen ins Klo kippte.

Sein Abfluß wurde für acht Wochen gesperrt.

Heinz mußte sich einen Eimer anschaffen, den er im Schutz der Dunkelheit im Garten hinterm Haus entleerte.

In der vierten Nacht trat sein Nachbar aus dem Dahlienschatten und fragte: "Na Heinz, so spät noch im Garten?"

"Ja", sagte Heinz. "Die Tage ziehn so schnell vorbei. Da nutzt man halt die Nächte zur Regeneration."

"Ach", flüsterte der Nachbar, "heißt Kot-loswerden Regeneration?"

"Kot-loswerden?" wiederholte Heinz mit butterweichen Knien.

"Tun sie nicht so scheinheilig", fuhr ihn der Nachbar an. "Ihr Abfluß ist gesperrt. Das hab' ich im KANAL-ECHO gelesen. Und wenn ich meinem Schwager erzähle, was Sie hier tun - mein Gott, so weit muß es nicht kommen! Sie können meiner Frau und mir und vor allem unserem Dackel Fritz einen Gefallen tun. Dann hätt' ich nichts gesehn."

"Einen Gefallen?" fragte Heinz.

"Fritz ist so einsam", fuhr der Nachbar fort. "Und meine Frau und ich sähen es gern, wenn sich mal jemand um ihn kümmern würde. So von ganzem Herzen und ohne Tabus. Sie wissen, was ich meine...?"

Heinz sagte: "Lieber Nachbar! Auch ich bin tierlieb und will mich gern erkenntlich zeigen, wenn Sie vergeßlich sind."

Der Nachbar nickte zufrieden und sie vereinbarten den nächsten Abend.

Es wurde ein Fiasko.

Fritz biß Heinz in beide Oberschenkel und erlitt einen Zusammenbruch.

Trotz Herzmassagen starb das Tier.

Die Nachbarn waren so schockiert, daß auch sie Heinz beißen wollten.

Sie jagten ihn durchs Haus und hinaus in den Garten, wo der Nachbar über Heinz' Eimer stolperte, der letzte Nacht vergessen worden war. Der Eimer kippte um und fette Juwelen rollten heraus.

Alle blieben stehn und staunten über die braunen Edelsteine.

"Das ist ein Zaubereimer", sagte die Frau des Nachbarn und drehte den Eimer um.

Bald schon tanzte die Nachbarin auf einem blitzenden Juwelenhaufen.

Zusehends füllte sich der Garten mit den Steinen.

Anwohner wurden auf das jauchzende Trio aufmerksam, lugten erst durch die Gardinen und stürzten dann mit Schaufeln, Tüten, Taschen, Säcken in die sternenklare Nacht hinaus.

Bald war die Nachbarschaft auf allen Beinen und brüllte: "Gestern noch ein Ei geborgt, heute endlich ausgesorgt!"

Nur die Vollmondchemikerin Maja Lunarskaja blickte nüchtern von ihrer Halbmansarde aus auf die ausgelassene Szene.

Sie haßte es, mit der Erprobung von Trickeimern und Nachtjuwelen, die bei Tageslicht erweichen, Geld zu verdienen.

Aber irgendwie mußte auch sie ihr Studium finanzieren. Besser so als durch Kneipenjobs ohne Bezug zur Realität.

Tierliebe

Zwei Schnecken trafen sich am Ausgang einer Sparkasse.

Beide waren von ein und demselben Bankkontenfälscher hereingelegt worden. Die eine wußte es bereits, die andere nicht.

Sie lächelten sich an und räkelten sich wie verrückt.

Das geschieht, wenn zwei Schnecken sich am Ausgang einer Sparkasse begegnen und auf den ersten Blick verlieben.

Nachdem sie ihre Adressen ausgetauscht hatten, machte die eine Schnecke, die Rasie hieß, die andere, deren Namen niemand weiß, darauf aufmerksam, daß der Eingang ganz woanders war.

"Oh", sagte die andere Schnecke, "das hätte böse enden können. Wo doch alle wissen, daß am Eingang Vorsicht herrscht, während am Ausgang einfach Rauslatschen Trumpf ist. Wirst du auf mich warten, Rasie?"

"Ja", sagte Rasie, "aber beeil dich. Wir wollen noch diese Woche heiraten!"

Die Schnecke, deren Namen niemand weiß, sauste los und stand nach fünfeinhalb Tagen wieder vor dem Ausgang, um eine bittere Erfahrung reicher - um zwei, denn Rasie war nicht da. Sie blickte nach allen Seiten, aber die geliebte Schnecke war nicht zu sehn.

Die Schnecke, deren Namen niemand weiß, wollte schon fluchen, als sie eine Gedenktafel entdeckte auf der geschrieben stand: *Hier heftete sich der brave Schneckerich Rasie unter die Sohle des Bankräubers Z. und brachte ihn zu Fall, was seine Flucht verdarb.*

Da weinte die Schnecke, deren Namen niemand weiß, noch kochend heiß vom Tempo bolzen, die heißesten Tränen der Welt.

Halt durch, Hajo!

Nach seinem letzten großen Erfolg DAS MEER IM WANDEL DER GEZEITEN hatte sich der deutsche Naturfilmer Hajo Wilden vor neugierigen Journalisten ins Dickicht der Stadt geflüchtet.

Auf seine Anweisung hatte die Sekretärin der Presse ausgerichtet, Hajo Wilden suche in den Bergen neue Sensationen.

Allen war das glaubhaft.

Wenn ihn jemand auf der Straße erkannte, hielt er den Mund und beschwichtigte sich: "Das muß ein Doppelgänger sein. Der Hajo is ja in die Berge!"

So gelang es Wilden, sein Privatleben ungeschützt zu genießen und es in neue Bahnen zu lenken. Das brachte ihn auf die künstlerische Seite seiner vielschichtigen Persönlichkeit. Hajo lernte das kreative Tackern.

Früher zwar von Spöttern belächelt, hat es sich heute endgültig als zeitgemäßer Ausdruck menschlicher Bedürfnisse etabliert, wie zahlreiche Ankäufe von getackerten Kunstwerken belegen.

Schon hatte Hajo eine hübsche Anzahl ansprechender Werke gefertigt, da keimte in ihm der Wunsch, sie anderen zu zeigen.

Er lud seine alte Freundin Peggy ein und bat sie, sich zu äußern. Peggy sah, wieviel Liebe Hajo in diese Objekte investiert hatte. Da sie aber im Immobilienbereich tätig war, kannte sie kein Erbarmen. Peggy sprach den Tafeln jeden Kunstanspruch ab, um gleich das handwerkliche Geschick Hajos bewundernd zu erwähnen. Auch die anderen Freunde und Bekannten, die Hajo um Reaktionen bat, lobten seine Kreationen als exquisites Kunsthandwerk und verwendeten das Wörtchen 'Hobby' auffallend oft.

Hajo faßte sich, nachdem sie fortgegangen waren, an den Kopf. Er fasste sich ans Herz und hätte sich eigentlich an die Seele fassen müssen.

So tief traf ihn die Ignoranz der Freunde. Deprimiert legte er den Tacker beiseite und entwarf ein neues Filmprojekt, den Natur-Western EICHEN PFLASTERN SEINEN WEG.

Mitten in der Arbeit an diesem, letztendlich Fragment gebliebenen, Exposé, entdeckte er auf seinem Schreibtisch ein feindliches System. Er wollte es wegpusten. Was weg flog, war der Staub, mit dem sich das System bedeckt gehalten hatte. Nun schillerte es in allen Farben, daß Hajo die Augen übergingen. Seine Gefühle wurden schwammig, formlos und so flüchtig wie der Ruhm von Randolph Rose.

"Meine Gefühle fliegen weg!" schrie Hajo und erwies sich in diesem vorentscheidenden Moment als klarer Kopf.

Denn er hatte eine rettende Idee! Er stürzte in sein Atelier, schnappte sich den Tacker und tackerte ein Kakteenpärchen auf die Rückseite eines fertigen Stillebens. Seine Gefühle verfingen sich in den Dornen der Kakteen. Sie konnten nun nicht wegfliegen. Und merkwürdig, gegen die Kakteen unternahm das feindliche System nichts.

"Bist du machtlos gegen Kunstwerke?" fragte Hajo.

"Nein", antwortete das System, "aber ich habe großen Respekt vor geschickten Händen!"

Hajo wollte weiterfragen. Aber er spürte, wie seine Gedanken ausblieben.

Er konnte nicht mal fragen: "Wo sind meine Gedanken?"

Da ging die Tür auf.

Ein japanischer Ringkämpfer, den er bei Olympia '72 kennengelernt hatte, sein Freund Oschi Wakamoto, kam herein.

Oschi rief: "Hallo!" und drückte Hajo an sich. Denn Hajo und Oschi hatten sich über zehn Jahre nicht gesehn, obwohl Oschi eingebürgert war.

"Laß dich anschaun!" rief der Ex-Sportler. Sein großes Hinterteil schwang leger auf Hajos Schreibtisch.

"Mensch, Oschi", sagte Hajo, "das war knapp!"

Der Deutsch-Asiate machte ein fragendes Gesicht.

Hajo erzählte von dem System.

Oschi sprang auf.

Die beiden Freunde sahen, daß es platt war. Platt, wie eine Preßspanplatte.

Hajo holte den Tacker, tackerte das lachende Portrait seines Freundes auf das platte, feindliche System und wollte es ihm schenken.

Oschi hob die Hände.

"Sei mir nicht böse, Hajo", sprach er, "aber ich hätte lieber das

Kakteenpärchen!"

"Unmöglich!" rief Hajo. "Da hängen meine Gefühle dran!"

"Das dachte ich mir", sagte Oschi. "Denn es ist präzise hingeklatscht. Und verzweifelt schön! Es ist wie geschaffen für den Somalia-Basar, den meine Frau mitorganisiert. Gib dir einen Ruck! Denk an all die hungernden Menschen."

Hajo dachte an die armen Menschen und gab die Tafel seinem Freund.

Zwei Wochen später brachte Oschi die Tafel zurück. Niemand auf dem Basar hatte sie erstanden.

"Du hättest eben doch dein lachendes Portrait nehmen sollen", sagte Hajo schmunzelnd. "Das hätten die Leute gekauft! Denn beim Kampf gegen das Elend hilft ein lachendes Gesicht zuverlässiger als zwei Kakteen voller Gefühle."

"Bald ist Weihnachten", sagte Oschi. "Da brauchen alle originelle Geschenke. Dann ist Lateinamerika-Trödel. Da gehn beide weg wie warme Semmeln! Paß auf!"

"Ja", sagte Hajo, "mach ich."

Die Co-Produktion

Ofelia hatte ein Haus mit Wasserfarben gemalt.

Sie zeigte es den Freunden.

Die riefen: "Oh, wie dumm, Ofelia! Der nächste Regen wird dein schönes Häuschen ruinieren. Du hättest Ölfarbe nehmen sollen."

"Ihr blöden Schnösel!" rief Ofelia. "Ich bin ein einfaches Facharbeiterkind. Mein Taschengeld ist sehr bescheiden. Wo soll ich Geld für Ölfarben hernehmen?"

"Du mußt Tennis spielen", sagten die Freunde, "dann brauchst du gar nicht selber malen, sondern kannst dir eine schöne Kunstsammlung aufbauen. Wie Steffi Graf."

Da stöhnte Ofelia wie Monica Seles und schlug mit der Faust auf die Freunde ein. Sie fühlte sich unverstanden wie alle großen Künstlerinnen.

Es fing an zu regnen.

"Bring dein Bild in Sicherheit", riet ihr der Hase Walter, den sie großgezogen hatte.

Sie hörte nicht auf ihn und sah zu, wie die Natur ihr Werk veränderte.

Als die Sonne wieder durch die Wolken brach, freute sie sich.

"Selten sah ich schönere Verläufe", lobte sie das Aquarell und strahlte es prächtig an.

Da war der Hase mächtig stolz auf seine Mutter und rief seine Freundinnen, die Hühner, an.

Denn Ostern stand schon vor der Tür.

Das Röhrei und der Slipdesigner

Zwei Steinesammler hatten sich in der Reservewüste Gobi, auch GobiII genannt, verlaufen. Sie mußten die Nacht unter dem riesigen gebleichten Skelett eines Wüstenmolchs verbringen. Eines der Überbleibsel der letzten globalen BMW-Umweltoffensive, die unter dem Motto 'Utopische Kreaturen' gestanden hatte.

Die Nacht war bitter kalt.

Die Sammler hatten ihre Flanell-Jacketts bis zu den Adamsäpfeln zugeknöpft und versuchten, die Sterne durch obszöne Rufe zu provozieren.

"Vielleicht passiert was positives", dachten sie mit allerletzter Kraft.

Und wirklich, ein Röhrei, das sich unweit des Geschehens in einem improvisierten Trainingscamp auf die Olympischen Spiele vorbereitete, wurde durch den Sammlerlärm gestört.

Es fühlte sich gefordert und röhrte auf die Menschen zu.

Sie warfen sich zum Zeichen der Freundschaft in den Sand und kreuzten die Unterschenkel.

Das Röhrei akzeptierte die nette Geste und sagte: "Steht auf, sonst friert ihr euch den Arsch ab."

Das inspirierte die Sammler zum Singen. Es erklang die Menschheitshymne JENSEITS DES TALES.

Das Röhrei fiel gleich in den Gesang ein.

So kam die Reservewüste in den Genuß einer dreistimmigen Eruption frontaler Lebensfreude.

Als der letzte Ton verklungen war, stand für die Sänger fest, daß sie zusammenbleiben würden.

Das Röhrei führte die neugewonnenen Freunde durch das Tal der stillen Hoffnung über den Kometen-Paß ins Land der gramzerfurchten Steckenpferde. Dort kehrten sie im Haus der Insekten ein und übernachteten in der Schaben-Suite.

Am folgenden Tag zogen sie weiter und erreichten noch vor Sonnenuntergang das Fanta-Camp.

Herzlich begrüßte der Chef die Neuankömmlinge, wies sie aber sogleich daraufhin, daß ein Angriff der Knödel-Bande bevorstehe.

“Überlegt's euch gut”, sagte er. “Noch ist es nicht zu spät! Bald werden sich hier unglaubliche Szenen abspielen. Ich weiß nicht, ob eure Nerven das ertragen.”

Die Freunde sahen sich an.

Keiner zeigte die geringste Furcht.

“Chef!” rief das Röhrei. “Wir werden es der Knödel-Bande zeigen!”

Der Chef war hocherfreut, drei neue Kämpfer gewonnen zu haben. Er zeigte ihnen den leerstehenden Bungalow Bill, ein Gründerzeit-Modell mit Kuschelecken und Pop-Art an den Wänden.

Nach dem opulenten Abendbrot tranken die Freunde noch ein Fläschchen flüssige Lakritze. “Das vertreibt die bösen Geister”, hatte der Chef gesagt.

Dann legten die Freunde sich schlafen, um die Strapazen der vergangenen Tage wettzumachen.

Um Mitternacht wachte das Röhrei, wie mit den Freunden abgesprochen, auf. Es kontrollierte seinen Puls und warf einen Blick auf den Attackenschreiber. Er tuckerte auf Null.

Das Röhrei ging in den Partykeller, checkte die Whiskyvorräte und wollte die Traumschaukel anhalten, die noch leicht vibrierte.

Da rutschte es beim überqueren der Tanzfläche aus und stellte fest, daß die Fläche vollgeschwitzt war.

Jemand mußte hier vor kurzem außer sich gewesen sein!

Sollte der Chef dem Röhrei etwas verschwiegen haben?

Es holte die Polaroid aus seinem Koffer und legte sich hinter einem Stapel James Brown-LP's auf die Lauer.

Zweitausendstelsekunden später schwebte eine schlaksige Gestalt aus den Tiefen des Nichts in den Raum und brachte sich über der Tanzfläche in Schwingung.

Das Röhrei erinnerte sich an die alte Psi-Weisheit, daß man Gespenster nicht fotografieren kann. *Huscht ein Geschöpf über die Dielen, nur auf die dunklen Stellen zielen!*

Es knipste den Schatten.

Das Gespenst heulte auf und war verschwunden.

Das Röhrei sah sich die Aufnahme an, war zufrieden und legte sich schlafen.

Am nächsten Morgen stellte das Röhrei den Chef zur Rede.

Er gab zu, den Gästen die grausige Wahrheit verschwiegen zu haben und sah sich das Foto flüchtig an.

“Ja, das ist der Slipdesigner”, flüsterte er dann und bat die Freunde ins Büro.

Die Freunde nahmen auf dem Plaudersofa Platz.

Der Chef lehnte sich an die uralte Yucca-Palme, jenen klassischen Raumteiler der Naturvölker und erzählte die Geschichte des Slipdesigners.

Eines Tages war der Designer in einem jeansfarbenen Jeep im Camp aufgetaucht, ausgebrannt und pessimistisch. Er wollte ein neues Leben anfangen und man hatte ihn, wie es im Fanta-Camp ein uralter Brauch war, überschwenglich begrüßt. Er tauschte seinen Jeep im Tausch-Center des Grafen Eierstich gegen ein Laubsäge-Set. Schon nach wenigen Monaten erzielte der Slipdesigner schöne Erfolge. Aufgrund seines offensichtlichen Talents nahm ihn der Meister Flachmann unter seine Fittiche und brachte ihm die letzten Finessen bei. Nach zwei Jahren beherrschte der Slipdesigner sein Fach und hatte seinen Förderer in technischer wie kreativer Hinsicht überflügelt. Besonders die Kurventechnik des Newcomers war eine Sensation und weckte den Neid des Meisters. Für den war dieses elende Gefühl neu und daher umso mächtiger. Als dann beim Herbst-Salon die Jury dem Slipdesigner auch noch den erstmals vergebenen 3-D-Pokal zuerkannte und Flachmanns Tochter Elisabeth Tränen der Freude vergoß, weil sie den Jungstar liebte, ersann der Altmeister einen teuflischen Plan. Er lud das Pärchen auf seine Ranch zum Büchsenwerfen ein und schlug vor, einen kleinen Wettkampf zu veranstalten.

Der Alte warf so schlecht er konnte und schied schon nach vier Runden aus. Zwischen dem Slipdesigner und Elisabeth aber entbrannte eine nervenzerfetzende Konkurrenz. Elisabeth entschied das Match mit dem allerletzten Wurf für sich.

Da zeigte der Slipdesigner sein wahres Gesicht. Seiner großen Liebe stülpte er, blind vor Wut und Schmerz, die kleinste Büchse über den Kopf.

“Du Stasischwein!” rief er. “Du Stasischwein!”

Und trommelte auf seinem Opfer den Original-Rhythmus von ‘Schöne Maid’.

Der heimtückische Flachmann grinste und bohrte dem Slipdesigner eine alte, rostige Stichsäge von hinten in das Herz.

Dann zog er seiner Tochter die Büchse vom Kopf.

“Danke Vati”, sagte Elisabeth. “Das war knapp. Als kleines Dankeschön will ich dir ein flaches Häuschen baun.”

Und sogleich ging die begabte Architektin an die Arbeit und baute für den Mörder den Bungalow Bill.

Der Geist des Slipdesigners schwor Rache und nistete sich schon im Rohbau ein. Beim Richtfest ließ er einen riesigen Kalksack auf Flachmann niedersausen, traf aber nur den Kartoffelsalat. Der Alte starb erst wenige Sekunden danach eines natürlichen Todes.

So ging der Slipdesigner leer aus und Elisabeth zog schließlich selbst in das neue Haus. Um ihr nah zu sein, blieb der Geist im Bungalow.

"Nun kennt ihr die Geschichte", sagte der Chef.

"Haben Sie dieses Drama schon verfilmt?" fragte das Röhrei.

"Nein", sagte der Chef. "Die Rechtslage ist äußerst kompliziert."

"Und wo ist Elisabeth jetzt?" fragten die Steinesammler.

"Außerhalb", sagte der Chef.

"Außerhalb?" fragte das Röhrei. "Was heißt das?"

"Wir wissen nicht, wohin sie ging. Eines Tages lag ein Zettel vor dem Bungalow:

Bin außerhalb.

Elisabeth.

Seitdem haben wir sie nie mehr gesehn."

Die Steinesammler sahn sich an.

Das Schicksal des Slipdesigners war ihnen einerlei. Sie waren stark gealtert und froh, eine hübsche Bleibe gefunden zu haben. Den Worten des Chefs hatten sie nur halbherzig gelauscht.

Plötzlich läuteten die Alarmglocken.

"Die Knödel-Bande!" rief der Chef und verteilte leuchtend gelbe Warnkappen. Die Kappen erinnerten an Rittermützen, was wahrscheinlich beabsichtigt war, um die Tapferkeit der Träger zu wecken.

Schon trafen die ersten rohen Klöße die Camper mitten in den Mund.

Die Camper schlangen, kamen kaum noch nach.

Die Treffsicherheit der Knödel-Bande war atemberaubend.

"Ich platze!" schrie das Röhrei.

Die Steinesammler hatten sich schon er- und übergeben.

Der Chef mampfte noch, war aber schon bläulich angelaufen.

Zum Zeichen der Kapitulation warf er seinen Kopf nach hinten. Ein letzter Knödel klatschte gegen sein Kinn und rutschte am Hals entlang in seinen viel zu weiten Rolli.

Der Anführer der Knödel-Bande nahm die Kapitulation freudestrahlend an.

Alle erwachsenen Camper mußten sich bis auf die Unterhosen ausziehn, diese dann extrem hochziehn, vor der Knödel-Bande auf und ab marschieren und dabei den RIVER-KWAI-MARSCH pfeifen.

Die Warnkappen wurden einkassiert, im Plexiglascontainer vakummverpackt und im Test-See versenkt.

Dann zog die Bande ab.

Der Chef mußte, wie befohlen, “Und laßt euch hier ja nie mehr blicken”, hinterherrufen.

Der arme Chef!

Er war zwei Tage lang nicht ansprechbar.

Erst am dritten rief er das Röhrei zu sich.

“Es muß etwas geschehn”, sagte er mit schwerer Zunge. “Diese Demütigungen können wir nicht länger ertragen.”

Das Röhrei versprach ihm, sich die Sache zu überlegen. Das weckte die Lebensgeister des Chefs.

Die notwendigen Entscheidungen zur Bergung der Warnkappen wurden sofort getroffen. Im gleichen Zuge legte er spontan den Grundstein für ein neues Gartencenter, das er auf den Namen EDEN taufte.

Das Röhrei überlegte unterdessen hin und her, wie der Knödel-Bande beizukommen sei.

“Wenn wir den Mund halten könnten”, dachte es, “würden die Klöße gegen unsere Lippen klatschen. Und verpuffen.”

“Verpuffen?” fragte eine Stimme. “Als ob so saftige Geschosse verpuffen könnten!”

“Wer bist du?” fragte das Röhrei, weil es niemand sehen konnte.

Da trat der Slipdesigner in die Augensphäre und legte dem Röhrei seine Hände auf die Oberschenkel.

“Pfoten weg!” sagte es deshalb.

Der Slipdesigner zuckte zusammen.

“Ich wollte dir nur helfen”, zischte das Gespenst.

“Du mir helfen?” rief das Röhrei. “Gespenster find ich widerlich. Und geile Gespenster sind das Letzte überhaupt.”

Der Slipdesigner setzte sich auf die katzenförmige Récamière unter dem Peace-Poster und fing an, große Tiere aufzuzählen.

Das Röhrei hörte zu.

Als er bei den großen Menschen anlangte, nannte er, zur Verwunderung des Röhreis, zwischen Buddha und Norbert Blüm auch BABY DADAMDA.

“Stop!” unterbrach das Röhrei. “Wer ist das?”

Der Slipdesigner grinste.

“BABY DADAMDA nahm in ihrer großen Zeit die Knödel in die Zange.”

“Aha”, sagte das Röhrei. “Und weiter?”

“Nichts weiter”, säuselte der Slipdesigner und war verschwunden.

Das Röhrei lief sofort zum Chef und sprach: “Ich hab’s! Wir müssen die Knödel in die Zange nehmen.”

“Genial!” rief der Chef. “Wenn wir sie erstmal in der Zange haben, ist der ganze Schwung dahin!”

Der Bau von Knödel-Zangen wurde angeordnet und das Röhrei zum Hilfschef ernannt.

Da kamen die Steinesammler angerannt und riefen: “Hallo! Seht mal, was wir konstruiert haben!”

Interessiert lugten das Röhrei und der Chef in das Erfinder-Köfferchen.

“Eine Knalltüte”, sagte das Röhrei kalt.

“Damit können wir die Knödel-Bande abschrecken!” jubelten die Steinesammler.

Der Chef zeigte sich beeindruckt.

“Die gehen in Serie!” befahl er seinem Sekretär.

Auch die Steinesammler wurden Hilfschefs. Auf ihre alten Tage freuten sich die beiden, noch einmal so belohnt zu werden.

Drei Wochen später schlummerten sie beim Ostereiersuchen friedlich ein.

Man begrub sie unter der Tanzfläche im Partykeller.

Doch das Röhrei fand die Sammler am nächsten Tag, exhumiert und an den Tresen gelehnt.

“Der Slipdesigner!” dachte das Röhrei erschüttert. “Das kann nur der Slipdesigner gewesen sein!”

Das Begräbnis wurde wiederholt, und gegen Mitternacht erwartete das Röhrei seinen Freund.

Der Slipdesigner kam und zeigte sich uneinsichtig und entrüstet, als des Röhrei ihn zur Rede stellte.

“Soll ich auf Toten tanzen?” schrie er das Röhrei an.

“Es war ihr letzter Wille”, sagte das Röhrei.

“Das ändert nichts”, schrie der Slipdesigner und verschwand.

Das Röhrei ging zum Chef und schilderte das Problem.

“Du mußt den Slipdesigner heiraten”, sagte der Chef. “Das wird ihn besänftigen. Und ihr könnt die Sache noch einmal in aller Ruhe besprechen.”

Das Röhrei nickte angetan. Noch in der selben Nacht heiratete es den Slipdesigner.

Doch jedesmal, wenn die Steinesammler zur Sprache kamen, gab es unschöne Szenen.

Was dabei herauskam, war ein blöder Kompromiß.

Die Toten wurden einbalsamiert und an den Tresen gesetzt.

Ansonsten klappte die Ehe ausgezeichnet.

Die Nächte verbrachten beide Partner stets gemeinsam mit Sex und wilden Tänzen. Tagsüber lebte jeder in seiner eigenen Welt.

An einem schönen Herbstmorgen schrillten die Alarmglocken, weil der Chef sie beim Putzen eingeschaltet hatte und dann noch einmal an einem schönen Frühlingsmorgen, weil die Knödel-Bande angriff.

Diesmal hatte die Bande jedoch keine Chance.

Sie wurden von Knalltüten gnadenlos erschreckt. Die paar Knödel, die noch in Richtung Camp flogen, wurden in die Zange genommen und unschädlich gemacht.

Die Knödel-Bande trug die Niederlage mit Sportsgeist.

Nachdem der Chef den letzten Knödel abgefangen hatte, applaudierte ihm die Bande und bot ihre Freundschaft an.

Der Chef war nicht nachtragend und willigte ein.

Das Röhrei lud die ganze Bande auf ein Fläschchen Lakritze in seinen Partykeller ein.

Als der Anführer der Knödel-Bande die balsamierten Sammler sah, war er begeistert.

“Die wirken ja unglaublich aufmerksam”, sagte er. “Wenn wir die rot anstreichen und links und rechts neben den Superpoller setzen, läuft niemand mehr dagegen!”

Seine Kumpane nickten.

Das Röhrei schenkte der Knödel-Bande die Steinesammler.

So hatten sich an einem einzigen Tag zwei große Probleme gelöst. Ein allgemeines, öffentliches. Und ein speziell-privates.

“Würde mich nicht wundern”, sagte der Chef am nächsten Morgen zum Röhrei, “wenn du jetzt auch noch schwanger wirst.”

“Mich auch nicht”, sagte das Röhrei. Seine Worte klangen hell und klar wie die selbstgeschnitzten Flöten kommender Generationen.

Der Pickvogel-Report

Noch vor 200 Jahren gab es Pickvögel auf der ganzen Welt in rauhen Mengen. Was für uns die Spatzen sind, waren im Mittelalter die Pickvögel.

Heute sind die Pickvögel so gut wie ausgerottet. Es gibt nur noch einen einzigen: Den Kahlen Schorsch.

Wie der Name schon ahnen läßt, hat er keine Federn mehr.

Er leidet unter chronischer Gänsehaut und ist wegen seiner Einzigkeit nervlich zerrüttet.

Rein äußerlich ähnelten die Vögel dem Geier, hatten ein unauffälliges, um nicht zu sagen, häßliches, schmutzig braunes Federkleid. Ihr fast ungenießbares Fleisch wurde nur in Hungersnöten als eine Art Sauerbraten akzeptiert.

Allerdings, was sie der restlichen Tierwelt voraus hatten, war ihr menschenhaftes Grinsen. Der treudoofe Blick, der jedes andere, auch noch so unterlegene Tier zum Attackieren einlud und jedem größeren, also auch uns Menschen, das Signal zum Abschlachten gab.

Unter diesen Voraussetzungen ist es ein Wunder, daß sich diese Vögel, wenn auch nur in Form von Schorsch, bis heute halten konnten.

Warum Schorsch seine Federn verlor, konnte nie eindeutig geklärt werden.

Führende Ornithologen stellten Zusammenhänge zwischen dem Beginn der letzten Mauser und dem Ableben der schwarzen Else her, Schorsch's Großmutter, zu der er zeitlebens ein inniges Verhältnis hatte.

Bis vor zwei Jahren lebte der letzte Pickvogel bei einer flüchtigen Bekannten, der Lotter-Fee Karin Tietze-Ludwig. Dann wurde der sympathischen, alleinstehenden Choreographin der Rummel um das Tier zu groß.

Seitdem die Bundespost eine Sondermarke mit dem Konterfei von

Schorsch herausgebracht hatte, schlichen tagtäglich wildfremde Menschen um das Haus der scheuen Frau.

Alle wollten Schorsch mal live erleben. Ein paar Worte mit ihm wechseln. Mit ihm fotografiert werden und dergleichen.

Die vielfältigsten Angebote flatterten der Vogelfreundin ins Haus. Vom schlichten Talk-Show-Auftritt bis zur sechsstelligen Offerte eines namhaften Porno-Produzenten.

Kein Wunder, daß sie eines Tages nicht mehr konnte und Schorsch an einen Kölner Privatsender als Quizmaster verkaufte.

Doch vor den ersten Probeaufnahmen wurde der populäre Pickvogel von Tierschützern befreit und gelangte mit deren Hilfe unerkannt über die Grenze nach Frankreich und von Paris aus mit dem Flugzeug nach Neuseeland.

Schorsch wurde im Gepäck des Semiotikers Horst Adler entdeckt.

Die dortigen Beamten fragten: “Is this your bird?”

Und Horst sagte: “Yes, this is my hobbybird.”

“Hobbybird?” fragte der Kontrolleur.

Horst versuchte, ihm weiszumachen, daß Schorsch gar kein Vogel sei, sondern eine Art Reproduktion. Er gab sich als Freizeit-Gentechniker aus. Mit dem DNS-Material längst ausgestorbener, urzeitlicher Vögel habe er dieses Tier geklont und wolle es nun neuseeländischen Kollegen zeigen.

Der Kontrolleur legte seinen Kopf zur Seite und sah sich Schorsch genau an.

Er war drauf und dran, Horst durchzuwinken, als Schorsch aufwachte und ihn ansah.

Sofort packte den korrekten Mann die Lust am Töten, und hätten seine zwei Kollegen ihn nicht zurückgehalten, hätte er das berühmte Tier gewürgt und sicherlich ermordet.

Nach diesem Vorfall übernahm ein Kollege die Formalitäten und sagte: “No, this is no hobbybird. Go back to Germany.”

Das war der Beginn einer monatelangen Odyssee rund um die Erde.

Sie ruinierte Horst seelisch und finanziell. Denn auf so viel Ablehnung, wie in dieser Zeit mit Schorsch, war er nicht vorbereitet.

Er spielte schon mit dem Gedanken, seinen Schützling in irgendeiner Wartehalle einfach zu ‘vergessen’. Um ehrlich zu sein, versuchte er es sogar viermal. Horst wurde aber jedesmal von freundlichen Menschen auf seine vorgetäuschte Schusseligkeit hingewiesen und mußte sich auch noch bedanken.

Die Lage war aussichtslos.

Horst kehrte nach Deutschland zurück und stellte sich der Polizei.

Er wurde noch am gleichen Tag einem Psychiater vorgestellt, und Schorschs Entführung beherrschte tagelang die Boulevard-Presse. Der Vogel war ständig von Journalisten umringt und sollte alles ganz genau erzählen. Sagte aber nichts. Was natürlich Anlaß zu den wildesten Spekulationen gab.

So veröffentliche eine Zeitung den Liebesbrief eines japanischen Großindustriellen, der Schorsch angeblich in einem Tokioter Tierbordell kennen und lieben gelernt hatte und ihn um jeden Preis wiedersehen wollte. Den Schluß des Briefes bildete ein herzzerreißender Haiku mit der Anfangszeile: *Drei Diamanten grüßen Dich!*

Zwei Wochen waren seit seiner Rückkehr vergangen. Schorsch hatte immer noch kein Wort gesagt.

Es war schon merkwürdig, ihn, den letzten Pickvogel, dessen Artgenossen unbarmherzig ausradiert worden waren und der sein eigenes Überleben dem Einsatz einiger weniger Idealisten verdankte, ihn kannten nun alle. Und alle verfolgten sein Schicksal mit größter Anteilnahme.

Unter dem Motto 'Ein Lied für Schorsch' wurden im ganzen Bundesgebiet Gala-Konzerte gegeben, deren Reinerlöse dem stillen Tier den Lebensabend versüßen sollten. In zahllosen Diskussions- und Stammtischrunden war das Schweigen von Schorsch das beherrschende Thema.

Manche meinten, die erschütternde Odyssee hätte dem Tier die Sprache verschlagen. Manche machten den Schock der Heimkehr verantwortlich. Andere vermuteten eine Art Protesthaltung.

Ein Künstler besprühte zahlreiche Innenstädte mit der Parole: *Das Schweigen von Schorsch wird überbewertet.* Schließlich wurde der untalentierte Mann von einem ehemaligen Kaufhausdetektiv auf frischer Tat angeschossen, auf der Intensivstation des städtischen Krankenhauses verhaftet und zu einer intensiven Auseinandersetzung mit dem Werk der Philosophin Paula Klee verdonnert.

Schorsch schwieg derweil weiter.

Erste Stimmen wurden laut, die ihn undankbar und asozial nannten.

Bevor sie sich vermehren konnten, starb Klaus Kinski. Sein Tod im fernen Kalifornien fegte den Pickvogel mit einem Schlag aus dem öffentlichen Bewußtsein.

Der Wuppertaler Zoo erklärte sich bereit, Schorsch aufzunehmen.

Ein Architekten-Wettbewerb zum Bau einer Luxus-Voliere wurde ausgeschrieben. Obwohl viele phantastische Entwürfe auf den Tisch des Zoodirektors flatterten, wurde das Projekt letztendlich stillschweigend begraben, aus, wie es hieß, Gründen der Sozial-Hygiene.

Wer weiß, wie neidisch Säugetiere, aber auch Vögel und Reptilien, reagieren können, kann diese Entscheidung durchaus gutheißen.

Kurze Zeit später gab der nordrhein-westfälische Ministerpräsident die Einführung digitaler Besucher-Leitsysteme in allen zoologischen Gärten des Landes bekannt.

Schorsch wurde erst wegen Platzmangel auf der Quarantänestation einquartiert, dann bekam er einen ganz normalen Käfig direkt neben Gitti, einem zänkischen Marabu-Weibchen.

Zur Verwunderung der Pfleger verstand sich Gitti mit Schorsch auf Anhieb gut.

Schorsch, der kein guter Esser war, überließ ihr oft sein Futter.

Abends standen Gitti und Schorsch stundenlang beisammen.

Gitti sprach angeregt auch über die intimsten Sachen.

Schon nach zwei Tagen brach Schorsch sein Schweigen und plauderte nun seinerseits wie jemand, dem das Leben endlich Spaß macht.

Und als sich nach drei Wochen auf seiner nackten Haut ein weicher Flaum bildete, riefen die Pfleger bei diversen Zeitungen an.

Sie wurden aber so lange weiterverbunden, bis sie Dienstschluß hatten.

Deshalb haben die meisten das Happy End des letzten Pickvogels nicht miterlebt.

Doch stimmt ja immer noch die alte Milliardärsweisheit, daß sich das Glück für die meisten überhaupt nicht interessiert.

Heimweh nach zu Haus

"Bleib so, ich hol nur noch schnell die Ausrüstung!" hatte Siegfried Stefan zugerufen. Stefan hatte ihn um Open-Air-Paß-Fotos gebeten.

Als Siegfried wiederkam, war Stefan weg.

Siegfried fuhr zu seinem Chef und erzählte ihm den Reinfall. Der Chef war gar nicht überrascht.

"Kunden sind Vagabunden, mein Junge", sagte der Chef verständnisvoll.

"Aber Stefan ist doch mein Freund", meinte Siegfried.

"Beim Geschäft hört die Freundschaft auf, mein Junge", sagte der Chef. "Das mußt du dir merken."

"Nennen Sie mich nicht immer Ihren Jungen", schrie Siegfried. "Sie sind nicht mein Vater!"

"Doch", sagte der Chef, "deine Mama hat dich angelogen. Dein Papi ist gar nicht während der Studentenunruhen in einer LSD-Kommune verschollen. Jetzt weißt du alles."

Siegfried rief: "Ich kündige!" Schnappte sich sein Privat-Stativ und ging nach Hause.

"Mama", sagte er, "warum hast du mich angelogen?"

"Ich bin nicht deine Mama", sagte die Mutter, "sie ist damals nach Amerika ausgewandert, um eine Groupie-Ausbildung zu machen. Und hat sich nie gemeldet. Wahrscheinlich ist sie beim Film gelandet."

"Ja sicher", sagte Siegfried und ließ sich von der Mutter ein Foto seiner Mama geben.

Seitdem verbrachte er die meiste Zeit im Kino, immer auf der Lauer. Er wurde Experte für neue amerikanische Filme und konnte sich dadurch den Unterhalt verdienen. Die Mama aber entdeckte er nirgends. Irgendwann gab er die Suche auf.

Im März 1991 war er auf dem Weg zu einem Dennis-Hopper-Symposium in Heidelberg. Im Frankfurter Flughafen wurde er von einem frisch verliebten Pärchen angesprochen.

"Achten Sie doch bitte kurz auf unser Gepäck. Wir müssen uns küssen."

"O.K.", sagte Siegfried.

Der Kuß dauerte ewig. Siegfried verpaßte die Maschine.

Er nahm das nicht tragisch und dachte: "Dann müssen die in Heidelberg eben ohne mich anfangen."

Eine junge Frau rempelte ihn absichtlich, wie sich später zeigte, und zwar so heftig, daß er das Gleichgewicht verlor und auf die Knie fiel.

"Ach", rief die Frau, "das tut mir aber leid! Sind Sie nicht Siegfried Lotz, der Regisseur so berühmter Filme wie DAMALS IM HEU oder DAS KOMMT DAVON, MY DARLING!"

"Oh", sagte Siegfried, "da muß eine Verwechslung vorliegen. Der Name stimmt, aber ich bin kein Regisseur!"

Die junge Frau reichte ihm eine Hand und half ihm wieder auf die Beine.

"Darf ich Sie zu einem Kaffee einladen?" fragte sie.

"Sehr nett", sagte Siegfried, "aber ich darf keine Zeit verlieren."

"Dann vielleicht ein Lutschbonbon?"

"Oh ja", rief Siegfried und langte in die Tüte. "Lutschbonbons sind ideal für unterwegs."

Er schob eins in den Mund und rief: "Die schmecken ja wie noch nie!"

"Psst", zischte die Frau, "nicht so laut!"

"Aber, die schmecken ja wirklich wie noch nie", flüsterte Siegfried ihr ins Ohr.

"Sie heißen ja auch so", sagte die Frau.

"WIE NOCH NIE?" fragte Siegfried.

Die Begleiterin nickte. Sie bugsierte ihn sanft Richtung Taxihafen.

"Wie fühlen Sie sich?"

"Wie noch nie", antwortete Siegfried, "so willenlos und ..."

"Sehr gut", sagte die Frau, öffnete eine Wagentür und schob Siegfried auf den Rücksitz.

"Bitte ins GARTENCENTER EDEN."

Der Taxifahrer lächelte. Der Motor brummte. Der Fahrtwind summte.

Siegfried hörte alles zum allerersten Mal und berauschte sich an dieser Harmonie.

"Schon wieder WIE NOCH NIE!" flüsterte er seiner Begleiterin begeistert zu. Dann fiel sein Kopf auf ihre Schulter und Siegfried schlief tief und fest.

So begann für Siegfried eine willenlose Zeit im EDEN, einem viergeschossigen unterirdischen Sextempel, als Atomschutzbunker konzipiert, doch schon wenige Jahre nach der Fertigstellung aus Rentabilitätsgründen privatisiert und umgebaut.

Siegfried wurde Gartenzwerg und galt bei Kollegen und Kundschaft als zuverlässig, freundlich und zuvorkommend.

Siegfried arbeitete im LECKERLI-EXPRESS auf der 2. Etage und wohnte zuerst allein in Prenngesheim.

Bei einer betrieblichen Weihnachtsfeier lernte er Inge kennen, die FISCHERIN VOM HODENSEE, und sie bezogen eine hübsche Zwei-Zimmer-Wohnung am Rand von Bonames.

An einem freien Sommerabend schlenderten die beiden willenlos und glücklich die Nidda entlang.

Die milde Luft war erfüllt vom Knabbern der Käfer und dem monotonen Sing-Sang einiger Softeisvögel, die sich davon einen Einlulleffekt auf ihre Jungen versprachen.

Da machte es laut Klatsch.

Das traute Pärchen verließ den Weg, um nachzusehen, was in den Fluß gefallen war.

“Schau mal”, rief Inge, “ein kleiner NAZI.”

Siegfried sprang in das Wasser und brachte den Jungen ans rettende Ufer.

Noch atemlos grüßte der kleine NAZI vorschriftsmäßig seinen Retter.

“Wie niedlich”, rief Inge und erwiderte den Gruß “Wie heißt du denn, mein Kleiner?”

“Heini”, sagte der Junge.

“Heil Heini!” sagte Siegfried und bot ihm einen Kaugummi an. Der Kleine schlug ihm den Streifen aus der Hand.

“Wie niedlich”, rief Inge. “Ein richtiger, kleiner NAZI! Siegfried, laß ihn uns behalten!”

“Inge”, entgegnete Siegfried, “du weißt ganz genau, daß ich gegen Nazis allergisch bin. Diese Hautausschläge könnten mich den Job kosten. Von einem Einkommen allein, können wir die Wohnung nicht halten. Und außerdem: du willst es ja nicht wirklich, oder?”

“Nein”, sagte Inge, “natürlich nicht. Aber wir können den Kleinen nicht einfach seinem Schicksal überlassen. Bald wird es empfindlich kühl. Er holt sich eine Lungenentzündung und...”

“Schon gut”, stöhnte Siegfried, “wir nehmen ihn mit.”

“Du mußt ihn ja nicht anfassen”, sagte Inge.

“Und du?” fragte Siegfried.

“Einer von uns beiden wird ihn trockenrubbeln müssen”, erwiderte Inge, “und du bist allergisch.”

Siegfried schwieg.

Sie nahmen den kleinen NAZI mit.

Im Eßzimmer machte Inge ihm ein Bett. Mit der alten Hirschdecke, die sie von ihrer Oma geerbt hatte, deckte sie ihn gut zu.

“Spürst du schon was?” fragte sie ihren Mann, als sie sich zu ihm legte.

“Nein”, sagte Siegfried. “Wahrscheinlich war ich früher viel sensibler als heute.”

“Siehst du!” sagte Inge. “Manches wird besser mit der Zeit und man merkt er nicht einmal!”

Sie löschte das Licht und beide schliefen bald ein.

“Ich kann unser Glück noch gar nicht fassen”, sagte Inge beim Frühstück, “nun sind wir eine richtige Familie! Ich werde gleich nach Feierabend losgehn und die schönsten Gesellschaftsspiele kaufen.”

“Wozu?” fragte Siegfried.

“Damit können wir die Zeit totschlagen!” rief der kleine NAZI.

“So ein altkluges Kerlchen!” sagte Inge und machte dem Jungen noch ein Brot mit ganz dick Milky Way.

Der Herbst zog ins Land und verwandelte die Landschaft in eine Orgie aus aufgeputschten Farben.

Der Winter kam mit seinen frühen Nächten und die Familie Lotz verbrachte manchen Abend bei Spiel und Spaß, obwohl es auch manchmal kritische Momente gab, denn der kleine Nazi konnte einfach nicht verlieren.

Doch in diesen Situationen zeigte sich die Liebe der beiden Eltern von ihrer vielleicht sympathischsten Seite. Durch ein geschicktes Schummeln verhalfen sie dem temperamentvollen Jungen immer wieder zu den Erfolgserlebnissen, die einfach jeder braucht.

Eines Abends geschah etwas Unglaubliches.

Beim ASYLANTENJAGEN hatte Siegfried den Kleinen absichtlich vorbeiziehn lassen, so daß er den Kanaken nur noch vom Balkon zu schubsen und “SIEGER” rufen brauchte.

Da warf der Junge voller Wucht das Brett vom Tisch, zertrampelte die Figürchen und stürzte sich auf Inge.

Er würgte sie, und Siegfried blieb nichts anderes übrig, als die Polizei zu alarmieren.

Zum Glück hatte die Polizei sowieso gerade im Haus zu tun und hörte das Geschrei.

Drei kräftige Beamte waren nötig, um den kleinen NAZI zu bändigen. Einer wurde leicht am Hinterkopf verletzt. Er kannte sich mit Nazis gut aus und sagte: "Es ist nicht gut, sie einzeln zu halten. Sie brauchen das Leben in der Gruppe!"

"Unsere Wohnung ist zu klein", schluchzte Inge.

"Ja", sagte der Beamte, "das ist nichts ungewöhnliches. Aber solche Sachen überlegt man sich vor der Anschaffung."

Er schloß seinen Einsatzkoffer auf und reichte Siegfried das Handbuch DER NAZI - RICHTIG PFLEGEN UND VERSTEHEN.

"Das hätten Sie schon längst mal lesen sollen. Liebe allein ist nicht genug. Dazu kommt die Verantwortung, die man für die Familie trägt."

Inge und Siegfried blickten beschämt zu Boden.

"So", sagte der Beamte, "wir müssen los. Ich denke, Ihr Kleiner hat sich beruhigt. Und noch ein Gratis-Tip: Weibchen wirken manchmal Wunder!"

Er ging und drückte sich ein Tempo auf den blutenden Hinterkopf.

"Warten Sie!" rief Inge und schenkte ihm drei Freikarten fürs GARTENCENTER. "Als kleines Dankeschön!"

"Bitte", sagte der Polizist und steckte die Karten ein.

Inge schloß die Tür.

Am nächsten Tag gaben sie in der Zweiten Hand eine Annonce auf: *Suchen hübsches NAZI-Weibchen für unseren kleinen Schatz.*

Sie erhielten diverse Angebote und fuhren mit dem Jungen auf Brautschau.

Seine Wahl fiel auf ein zierliches, rotblondes Mädchen namens Jessica, was Inge gar nicht recht war.

"Die verträgt doch keine Sonne", motzte sie im Auto.

"Was willst du damit sagen?" fragte Siegfried und Inge schrie: "Ich hasse diese hellhäutige Rasse", um gleich darauf die Hand auf ihren Mund zu pressen.

"Mein Gott", flüsterte sie, "hast du das gehört?"

"Ja", sagte Siegfried, "es wirkt nicht mehr. Du bist immun geworden. Dein Wille ist zurückgekehrt. Mir ging es ähnlich: Gestern hatte ich Selbstmordgedanken. Was soll ich sagen? Ich wollte es wirklich tun! Es war phantastisch. Der Junge hat es mitgekriegt und sagte: 'Tu's nicht, Papi!' "

"Hat er wirklich Papi gesagt?" fragte Inge.

Siegfried nickte: "Das erste Mal."

“Wir sollten ihm endlich einen anderen Namen geben”, sagte Inge, “schon wegen Jessica. Wie wär’s mit Heinz?”

“Ja”, sagte Siegfried und lenkte den Wagen locker in die Garageneinfahrt.

Die nächsten Jahre waren für Siegfried und Inge kein Zuckerschlekken.

Die Arbeit wurde ihnen zur Qual.

Um die Arbeit nicht zu verlieren, verschwiegen sie ihren wahren Zustand. Doch die Klagen der Kollegen und der Kundschaft häuften sich.

Inge wurde einer Wischkolonne zugeteilt.

Siegfried wurde als LETZTE BEWÄHRUNGSPROBE in die Videoproduktion abkommandiert, brach am zweiten Tag zusammen und stand auf der Straße.

Von Inges kargem Lohn würden sie die Wohnung nicht halten können. Das war klar. Aber was sollte Siegfried tun? Er hatte außer Lecken nichts gelernt. Sein filmisches Wissen, das er sich in seiner Jugend erworben hatte, war nichts mehr wert. Längst gab es künstliche Historiker mit konkurrenzlosen Kapazitäten.

So konnte die Einsicht in die Notwendigkeit nicht länger aufgehalten werden.

Eines Nachts platzte die Einsicht im Traum aus Siegfried heraus: “Die Nazis müssen aus dem Haus!”

Inge lag noch wach und sagte: “Ja, unsere Lebensmittel reichen gerade mal für mich. Es geht nicht mehr!”

“Kinder”, rief sie am nächsten Morgen, es war ein blauer Montag, “aufstehn! Wir machen einen Ausflug nach Bonn, ins Demokratische Gebirge.”

“Gibt es da auch Ruinen?” fragte Heinz mit großen Augen.

“Natürlich”, sagte Siegfried. “Und vielleicht finden wir mit ein bißchen Glück sogar ein Politikerskelett.”

“Politiker?” fragte Jessica.

“Ja, mein Kind, sie bevölkerten vor langer Zeit Das Demokratische Gebirge. Sie kämpften um Pöstchen und Pensionen.”

“Pöstchen?” fragte Heinz.

“Ach, lassen wir das”, sagte Siegfried. “Es gibt wohl keine Vorzeit, die nicht auch dunkel wäre. Seht mal, wie schön die Sonne scheint! Die Sonne lädt uns ein zum Reisen.”

Gegen Mittag erreichte die Familie Bonn.

Die Geisterstadt am Rhein empfing die Familie Lotz wie so viele

Besucher vorher mit eigenartigem, verträumtem Charme.

Nach dem Mittagessen im Restaurant ZUR GOLDENEN DIÄT brach die Familie zur Bundestagsruine auf. Sie wanderten weiter zum alten Wasserwerk, wo Inge Versteckenspielen vorschlug.

Die Kinder waren gleich Feuer und Flamme. Sie sprangen über versteinerte Bänke und die von Vergißmeinnicht überwucherte Lobby in das dichte Parlamentarier-Wäldchen und hörten nur noch schwach das 'Wir kommen' ihrer Eltern.

Siegfried und Inge legten den Kindern schweren Herzens ein paar Wurstbrote und zwei Paar Söckchen mit lustig-raffiniertem Swastika-Design, welches mit bloßem Auge gar nicht erkennenbar war und man für ein eintöniges Grau hielt, auf das rekonstruierte Rednerpult.

Siegfried und Inge hasteten zum Parkplatz.

Endlos zog sich die Heimfahrt, obwohl die Straßen frei waren.

Nach dem Abendbrot setzten Inge und Siegfried sich noch ein paar Stündchen auf den gemütlichen Balkon. Sie starrten wortlos in den weiten Himmel.

"Weißt du", sagte Inge, "als Kind dachte ich, die Nacht - das ist ein schwarzer Luftballon, in den der liebe Gott die Sterne piekt."

"So ein Quatsch", sagte Siegfried. "Ein Luftballon. Der würde doch beim ersten Sternchen platzen!"

"Ja", sagte Inge. "Das hab' ich damals nicht einkalkuliert. Aber jetzt laß uns schlafen gehn. Ich muß früh raus."

Der Mumienkonflikt

Im März des Jahres 1993 wurden bei Erweiterungsarbeiten der Sparkassenzweigstelle Blech bei Dellingen drei äußerst gut erhaltene Mumien entdeckt.

Sie trugen vorchristliche Regenkleidung. Anscheinend waren sie bei einer okkulten Handlung von Erdmassen überrascht und bei lebendigem Leib begraben worden.

Es waren also keine Mumien im strengen Sinne, sondern eigentlich uralte Unfallopfer. Sie hatten sich, bevor sie die Regenkleidung angelegt hatten, mit Evergreenpaste eingecrémt, einer ägyptischen Erfindung, die neben der sexuell stimulierenden Wirkung auch eine konservierende Komponente besaß.

Bevor sie ins anthropologische Zentrum nach Berlin weiterreisen sollten, wurden die drei Mumien, zwei Männer und eine Frau, zum Abfotografieren ins Dellinger Mumien-Museum gebracht.

Hier kam es zu dem inzwischen beigelegten Mumienkonflikt.

Als der Fotograf Joachim Deckweiß die Mumien unter der Regie des Museumsleiters Professor Gröntlich für ein Gruppenbild auf zeitgenössischer Auslegware arrangiert hatte, schlugen die drei ihre halbvermoderten Augen auf und riefen: "STOPPO!" was auf teutonisch so viel wie "Halt mal bitte an!" bedeutet.

Dem Professor und dem Fotografen wurde bei diesem Schauspiel selbstverständlich schlecht.

Die Blicke der Mumien hatten sich für immer in ihre Seelen gebohrt. Entgeistert rannten Gröntlich und Deckweiß durch die Stadt und riefen: "STOPPO! STOPPO!"

Als die Bürger Dellingens vernahmen, was geschehen war, bildeten sich, grob betrachtet, zwei Parteien.

Eine um den Fotografen Deckweiß, die sich das Wort der Mumien zu Herz nahm und keine Bilder mehr ohne deren ausdrückliche Genehmigung schießen wollte. Die andere Partei um Professor Gröntlich, die einen subjektiven Eingriff der wissenschaftlichen Objekte in die Beschäftigung mit ihnen grundsätzlich ablehnten.

Die zweite Partei heuerte einen anderen Fotografen an und machte faszinierende Aufnahmen, für die der Fotograf mit dem hochdotierten VÖGELCHEN-PREIS geehrt wurde.

Die Preisverleihung wurde von Protesten des Kollegen Deckweiß überschattet. Unterstützt von einem Symphatisantengrüppchen, bewarf er den Preisträger wie auch die Jury mit Billigkameras aus Fernost und mußte von Polizisten aus dem Saal getragen werden.

Durch diese Verzweiflungstat gelang es Deckweiß das Gewissen der Gesellschaft wachzurütteln.

War die erste Reaktion in der Presse: "EIN ROWDY MEHR!" mehrten sich in den Tagen danach verständnisvolle Leserbriefe. Das gesunde Volksempfinden ging der Frage nach: "Was würden wir sagen, wenn wir erst einen Unfall hätten, dann tot wären und auch noch nackt fotografiert würden? Dazu von Leuten, die unsere UrUr-Ur... Enkel sein könnten?"

Empörung tobte über das Land, brauste über die Stammtische, fegte durch Talkshows und trug seine Fracht in jedes Haus. Kinder und Eltern schlugen aufeinander ein. Eheleute entzweiten sich, oder machten gegen ihre Nachbarn Front, die noch den Standpunkt Professor Gröntlichs vertraten.

Gröntlich hatte auf einer Pressekonferenz im Ausland geäußert: "Diskretionszonen sind eine moderne Erfindung, die im Museum nichts zu suchen haben."

Gerichte wurden angerufen, höchste Politiker und Industrielle meldeten sich zu Wort. Der Klerus stand auf Seiten des geschaßten Fotografen und empfahl den Gläubigen, in sich zu gehen.

Die Nation war gespalten.

Der öffentliche Nahverkehr brach zusammen, weil ein Großteil der Bediensteten sich weigerte, Fahrgäste zu befördern, die nicht den STOPPO-Aufkleber trugen. Ähnlich reagierten die Müllmänner und die Frauen. Tonnen und Container ohne STOPPO-Aufleber blieben stehen. Das führte dazu, daß selbst Anhänger Dr. Gröntlichs die STOPPOs kauften und sich auf die Tonnen pappten. Diese perfide Taktik ließ die Müllmänner zum letzten Mittel greifen. Sie blieben zu Hause.

In diesem Ausnahmezustand meldeten sich die Mumien zu Wort.

Warum sie damit so lange gewartet hatten, wird ein Rätsel bleiben.

Professor Gröntlich verwies in diesem Zusammenhang auf die Ungleichung: Aufgewacht ≠ aufgeweckt.

Grundsätzlich und überraschend erklärten sich die Mumien mit Nackt- und Nahaufnahmen einverstanden. Schließlich hätten sie zu Lebzeiten ja vor Publikum den legendären Regentanz gezeigt.

Bei diesen Worten wurde den Wissenschaftlern klar, wen sie aufgegabelt hatten.

Es handelte sich eindeutig um die Geschwister Feuchter, eine sakralerotische Showtruppe, von der sogar die Römer schwärmten.

“Warum dann STOPPO?” fragte der dolmetschende Germanist.

“GROSCHO!” sagten die Mumien.

“GROSCHO!” rief der Germanist. “Die wollen Kohle sehn!”

Prof. Gröntlich sah Joachim Deckweiß an, und beide schämten sich.

An die Freiheit der Forschung, an die Menschenwürde hatten beide gedacht. Nicht aber an das Wichtigste. Das Geld.

So endete der Mumienkonflikt.

Prof. Gröntlich schloß mit den Mumien faire Verträge ab. Diese brachten der Teutonenforschung stattliche Beträge ein.

Nun schlossen die verfeindeten Lager bereitwillig Frieden, im Bewußtsein, von extrem cleveren Vorfahren abzustammen, die nach über zweitausend Jahren Atempause und mit halbvermoderten Augen, den Blick für’s Wesentliche nicht verloren hatten.

Im Zentrum der Gefühle

Es muß der dreiundzwanzigste gewesen sein.

Kurz vor Weihnachten fiel dem Chaosforscher Toni ein, daß er noch kein Geschenk für seine Freundin Schatzi hatte.

"Mutti!" rief er seiner Mutter zu, die am Küchenfenster saß und den honiggelben Abendhimmel kritisch betrachtete. "Ich hab noch kein Geschenk für Schatzi."

"Dann gib ihr doch das Buch", sagte die Mutter geistesabwesend.

"Was für ein Buch?" fragte Toni noch, da wußte er schon welches.

"Mutti!" schimpfte er. "Hast du schon wieder meinen Seesack durchwühlt?"

"Unsinn!" sagte Tonis Mutter nun gefaßt. "Er ist mir beim Staubwischen auf den Kopf gefallen. Das Buch plumpste mir vor die Füße. Wegen des anregenden Titels hab ichs gleich gelesen. Dann kam ich auf die Idee, daß es dein Weihnachtsgeschenk für mich sein könnte und habs zurückgesteckt."

Toni wußte, das war gelogen. Seit Hassos Tod war sie ungenießbar. Täglich gab es Streit und Reibereien.

Wortlos ging er in den Flur, nahm seine amazonasfarbene Longjacke von der Garderobe und fuhr in die City.

Verschwenderisch und schön schaukelten die Lichterketten. Im Winterwind blinkten nahe Sterne.

DIE INTERHEMDEN SIND DA!

Toni stoppte seinen flotten Gang.

"Ein Interhemd? Das wär was für Schatzi!" gings ihm durch den Kopf.

Er betrat den Laden und sagte zur Verkäuferin: "Ich hätte gern ein Interhemd for her. Mittlere Größe. Und in Blau."

"Blau ist leider ausverkauft", sagte die ungeschminkte Frau. "Blau wollen alle."

"Warum?" fragte Toni.

"Weil es ein besonderes Blau ist", sagte die Verkäuferin. "Aber das Gelb ist auch nicht ohne. Schaun Sie mal!"

Sie zog ein gelbes Interhemd aus dem Regal und hielt es hoch.

"Ist das Nepalgelb?" fragte Toni.

"Jeh!" rief die Frau. "Nepal! Wo denken Sie hin! Das ist Gelbissimo. Die Farbe der leichten Gefühle."

"Der leichten Gefühle?" fragte Toni.

"Ja", sagte die Verkäuferin. "Leicht. Nicht seicht, sondern leicht wie unbeschwert. Ich will nicht sagen, schwerelos. Das wäre übertrieben. Aber leicht wie..."

Hier fehlte ihr das passende Wort. Und sie sah Toni an.

Toni sagte: "Papierschnipsel."

"Darauf wär ich jetzt nicht gekommen", schummelte die Klassefrau. "Aber ich merke schon, Sie wissen, was ich meine."

Toni lächelte und nahm das Hemd.

Auf dem Weg zu Schatzi, den er aus Fitnessgründen zu Fuß zurücklegte, flog die ganze Welt an ihm vorüber.

Schatzi öffnete ihm die Tür.

"Stell dir vor", rief Toni, "jetzt bleibe ich für immer bei dir!"

"Geht nicht", sagte Schatzi. "Ich hab schon einen Untermieter. Du kennst ihn. Es ist Ernst, der Bofrostmann... Er hatte früher die kleine Kneipe an der Ecke. Sie hieß BEI ERNST."

"Ja", sagte Toni, "da ging es immer lustig zu".

"Genau", lachte Schatzi. "Komm rein!"

Toni zog den Mantel aus und folgte seiner Freundin ins Schlafzimmer.

Ernst lag im Bett und grüßte herzlich.

Toni reichte ihm die Hand.

Schatzi registrierte froh, wie gut die beiden Männer sich verstanden. Sie schlug vor, ein Dreiecksverhältnis anzufangen. Ernst und Toni waren begeistert. Sie wollten aber keine voreiligen Entschlüsse fassen und den Heiligen Abend abwarten. Eine Vorsichtsmaßnahme, die wie sich zeigte, nicht unbegründet war.

Schatzi akzeptierte den Vorbehalt der Männer, obwohl sie ihn für überflüssig hielt.

Für beide hatte sie eine Zorro-Maske gekauft und liebevoll verpackt. Keiner würde sich benachteiligt fühlen. Womit sie, was ihre Geschenke betraf, auch recht behielt.

Ernst und Toni setzten die Masken auf. Die Degen wirbelten, schlugen die Luft in tausend Stücke. Kugeln pfiffen.

Als die Doppelgänger abgekämpft aufs Sofa sanken, packte Schatzi zuerst Tonis Geschenk aus. Sie freute sich wahnsinnig über das gelbe Interhemd.

Als Schatzi dann Ernst's Schachtel öffente und das blaue Interhemd sah, wußte sie nicht mehr, was sie sagen sollte.

Sprachlos vor Glück fiel sie auf den Boden. In jeder Hand ein Interhemd.

Mit seiner Wegwerfkamera hielt Toni diesen Augenblick für immer fest.

Noch vor Silvester waren die Fotos fertig.

Schatzis linke Hand mit dem blauen Interhemd war nicht im Bild.

Ernst sah die Bescherung zuerst.

"Das war Absicht!" brüllte er.

"Nein", sagte Toni. "Wenn etwas schnell gehn muß, kann sowas ohne weiteres passieren. Die Füße sind ja auch ab."

Dieser Zusatz brachte Ernst in Rage.

Er boxte Toni mitten auf den Solarplexus. Der talentierte Amateurfotograf ging zu Boden. Ernst zerriß das Foto und vernichtete das Negativ. Dann zog er den wehrlosen Toni an den Haaren durch den Flur und warf ihn aus der Wohnung.

Schatzi kam von der Arbeit. Tonis Terminkalender lag auf den Stufen. Neu und leer.

Sie zeigte Ernst den Kalender. Ernst erzählte ihr, was sich ereignet hatte.

"Sowas mieses", sagte Schatzi, "hab ich ja noch nie erlebt! Hast du das Negativ vernichtet?"

"Ja", sagte Ernst. "Sonst hätte ich ja keine ruhige Nacht mehr."

Schatzi sah ihn schweigend an.

"Stell dir vor", sagte sie dann, "dabei wollte ich ihm heute Nacht verraten, wo mein G-Punkt liegt".

"Weiß ich", sagte Ernst. "Er sprach davon. Beim Frühstück. Wolltest du wirklich?"

"I wo", sagte Schatzi. Sie biß in einen Schokoriegel. "Der hätt' das doch nur ausgenutzt."

"Und wie!" rief Ernst. "Da wett ich meinen Zweitwagen."

"Zweitwagen?" fragte Schatzi. "Du hast doch gar kein Auto."

Da schmunzelte ihr Freund und sagte: "Ach! Das sagt man so in meiner Heimat."

“Wenn was todsicher ist?” fragte Schatzi.
“Ja”, sagte Ernst.

Toni stand vor Karstadt und weinte sich die Augen aus.
“Hätt’ ich mich doch nie abgenabelt”, haderte er mit sich und seinem Schicksal. Toni trommelte mit den Fäusten gegen das Schaufenster. In dem Schaufenster saß die junge Sissy, natürlich nicht die echte Romy, sondern eine Wachsfigur.
Aber was war das? Toni glaubte zu träumen. Die Puppe kam auf ihn zu. Sissys Atem beschlug die Scheibe und sie schrieb eine Telefonnummer hinein.
Langsam verschwanden die Zahlen wieder. Toni zückte seinen Kuli und notierte sie.
Die Puppe hatte ihren Platz wieder eingenommen. Toni sah sie an und machte eine obszöne Handbewegung.
Sissy blieb ungerührt.
Toni schämte sich. In seinem ganzen Leben hatte er noch keine obszöne Handbewegung gemacht, überhaupt noch nie.

Toni rief am Abend die Nummer an.
“Ich ficke auch sehr gern”, gab die Sissy Darstellerin zu. Nach einem Zweistundengespräch ohne Tabus fiel Toni in sein Hotelbett.
Es dauerte zwei Sekunden, bis er einschlief. Aber in diesen Sekunden ging ihm vieles durch den Kopf.
“Wieso will sie nicht, daß wir uns treffen? Wie sie wohl wirklich heißt?”
Denn Sissy konnte nur erfunden sein.
“Oder Zufall”, sagte Tonis zweites Ich, auf das er erst mit 19 Jahren aufmerksam geworden war.
“Ja”, sagte Toni, “es könnte auch ein Zufall sein.”
Bevor er einschlief, stellte er sich noch in eine Schlange und stand stundenlang im Regen.
Erst als er merkte, daß die Nässe seine Stiefel ruinierte, traute er sich, die Frau vor ihm nach dem Grund der Schlange zu fragen.
Es war Schatzi und sie sagte: “An der Kasse sitzt ein Schwein. Es läßt nur Leute rein, die Sissy oder Toni heißen.”
“Oh”, rief Toni und schlief ein.

Beim ersten Tageslicht wachte Toni auf. Gleich nach dem Frühstück ging er Joggen. Er beschloß sich einen neuen Beruf zu suchen, die drei Karten für das Nana-Mouskouri-Konzert, die er für sein Dreiecksverhältnis gekauft hatte, an einsame Menschen zu verschenken und Sissy von der Arbeit abzuholen.

In der Nähe des Hotels ZUM HALBEN PREIS gab es den Kleinen Zitzen-Park. Pubertierende Jugendliche hatten ihm den Namen verpaßt.

Toni durchrundete den Park und kehrte ins Hotel zurück.

Er duschte kalt, rubbelte sich ab und rief ein Taxi.

Das Taxi bog an der NEUEN HEIMAT ab und stoppte. DIE HEITERE BERUFSBERATUNG.

“Hallo Toni”, rief der beschlipste Kerl. Er hatte Toni schon kommen sehen.

“Hi, Guido”, sagte Toni.

“Was kann ich für dich tun?”

So alberten die beiden eine ganze Zeit herum, bis Guido rief: “Ich hab’s. Du wirst Commander!”

“Nicht schlecht”, sagte Toni. “Wann kann ich anfangen? Und wo?”

“Morgen”, sagte Guido. “Auf dem TRAUMSCHIFF KENTERPREIS.”

“Kommt mir bekannt vor”, sagte Toni.

“Gut möglich”, lachte Guido und gab Toni noch einen Tip: “Laß dich nie beim Naßrasieren filmen. Schadet deiner Aura.”

“Danke”, sagte Toni. Und fuhr zu Karstadt.

Die Fenster waren leer. Er versuchte Sissys Identität beim Personalchef zu erfahren.

“Da kann ja jeder kommen”, sagte der smarte Mann und blickte Toni schelmisch in die Augen.

Nichts zu machen.

Toni kaufte sich ein Soft-Eis und ging ziellos durch die Straßen. Er spürte eine Müdigkeit, die er nicht erklären konnte. Er sah die anderen Menschen, die an ihm vorübergingen.

Er sah die grauen und die braunen, die weißen, die gelblichen und bläulichen Fassaden der vielen Häuser, hörte die Geräusche des Verkehrs, fühlte den Puls der Zeit bei jedem Schritt und seine formlosen Gedanken huschten durch den leisen Lärm der Sehnsucht seines lauten Herzens. Es war der reinste Alltag.

Und die Müdigkeit?

“Ist es die Müdigkeit der Seele?” fragte sich Toni “Oder sind es schlimme Eßgewohnheiten, die meine Kräfte reduzieren?”

Seitdem er von Mutti weg war, hatte die Ernährung nur eine beiläufige Rolle gespielt.

Er stellte sich an einen Imbiß und orderte zwei Currywürste mit Pommes. Dann gings ins Hotel zurück.

Toni holte seine Badesachen und ging nach einem ausgedehnten Zoobesuch ins Hallenbad.

Der letzte freie Tag vor Arbeitsaufnahme war ganz der Entspannung gewidmet, dem leichten Leben eines freien Mannes, der neue Aufgaben und Pflichten gelassen kommen sieht.

Willkommen an Bord

Um acht Uhr sollte er auf dem Traumschiff sein und die Crew kennenlernen.

Es war ein regnerischer Tag.

Ein Militärkonvoi quälte sich durch die engen Gassen der Altstadt. Der Konvoi blieb immer wieder zwischen den denkmalgeschützten Häusern stecken.

Im Havenviertel sah Toni die große ramponierte Hinweistafel mit dem Bild der KENTERPREIS. Ohne sich zu verlaufen, fand er das Trokkendock Adèle. Dort lag der Kahn.

Toni wollte die Crew überraschen und kletterte über dic Rettungsleiter an der Bordwand hoch. Unterwegs sah er durch ein Kajütenfenster in den Mannschaftsraum. Die Mannschaft war vollzählig. Eine Frau und zwei Männer.

Toni enterte die Reling, trat in die Kajüte und sagte: “Hallo, ich bin der neue Commander.”

Niemand nahm Notiz.

Die Frau flüsterte: “Seht ihr die Möwen am Horizont?”

Die Männer sagten: “Ja. Sie segeln durch die Luft gekonnt.”

Jetzt wurde es Toni zu bunt.

Er checkte auf den blanken Amaturentafeln die Tasten ab und gab Kommunikationsalarm.

Wachstumsgeräusche von Alpenveilchen, hunderttausendfach verstärkt, rissen die Crew aus der Konzentration.

Wie ein Mann fuhr die Crew herum.

“Da sind Sie ja endlich. Wir dachten schon, sie hätten verschlafen.”

Toni stellte den Alarm ab.

“Hört mal, ihr gestörten Affen”, sagte er. “Was glaubt ihr, wen ihr vor euch habt?”

“Unseren neuen Commander”, sagte die Crew.

“Richtig!” sagte Toni. “Und warum ignoriert ihr mich?”

“Aber Commander”, sagte die Frau. “Wir haben Sie nicht ignoriert. Wir waren so in Arbeit vertieft, daß wir Sie nicht kommen sahn.”

“Arbeit?” stutzte Toni.

“Natürlich!” ergriff einer der beiden Männer das Wort. “Neutrino-Sterilisation. Wir durchdringen die Materie mit spontaner Extrem-Lyrik”.

“Verstehe”, sagte Toni. “Ihr schockt die Teilchen.”

Die Crew nickte.

“Die Teilchen werden steril”, sagte die Frau, “und verändern ihre Gewohnheiten. Das öffnet neue Dimensionen.”

“Gut”, sagte Toni. “Ich heiße Toni.”

Die Crew-Mitglieder ratterten ihre Lebensläufe herunter und einigten sich auf ein Päuschen.

Die Frau hieß Polly und war gelernte Paläontologin. Der blonde Mann, ein schweigsamer schwedischer Orthopäde, hieß Adolf. Und der kleine dicke, ein ehemaliger Basketball-Coach, nannte sich Laserstrumpf. Er trug ein schmales Oberlippenbärtchen, lispelte wie Freddie Fender, der unbekannte Superstar.

“Sie sehn müde aus Commander”, sagte Polly. “Ihre Augen haben Ränder. Wenn sie wollen, führe ich sie in den Ruheraum.”

“Sie haben recht, Polly”, gab Toni zu. “Ich bin tatsächlich müde. In der letzten Nacht habe ich den Abschlußbericht über meine neuesten Forschungen für die Gauck-Behörde angefertigt.”

“Welches Gebiet?” fragte Polly interessiert.

“Euphorie und Enthusiasmus.”

“Welche Gruppen?” fragte Polly weiter.

“Berufsanfänger”, sagte Toni. “Anfänger überhaupt.”

Polly öffnete die Tür zum Ruheraum und zeigte Toni die Commanderliege.

“Danke Polly”, sagte Toni und legte sich hin.

Er schlief ein, bevor er die Augen schließen konnte. Polly drückte beide zu und ging nach oben.

Laserstrumpf und Adolf saßen schon gespannt und angeschnallt in ihren Plauderstühlen.

“Erzähl schon!” riefen sie. “Wie war’s?”

Polly ging in die Hocke. Sie knotete ihre blonde Mähne zu einem hohen Pferdeschwanz und holte Luft.

“Er ist harmlos”, sagte sie. “Hat für die Gauck-Behörde gearbeitet und ist totmüde. Er schläft.”

“Hat er dich irgendwas gefragt?” wollte Adolf wissen.

“Nein”, sagte Polly. “Ich denke, er ist ungefährlich.”

“Abwarten”, motzte Laserstrumpf. “Wir müssen auf der Hut sein.”

“Sind wir ja”, sagte Adolf.

“Aber deshalb müssen wir noch lange nicht jede ABM-Kraft als IM verdächtigen."

"Wenn Polly sagt, daß er harmlos ist, laß es uns glauben, Mann."

"Pah!" rief Laserstrumpf. "Hast du wirklich 'glauben' gesagt?"

"Ja", sagte Adolf. "Du unterschätzt die Kraft des Glaubens. Ist nicht die Kirche Beweis genug, daß durch pure Einbildung etwas aus dem Nichts entsteht und wie ein Stein die Zeiten überdauert?"

"Adolf!" rief Polly."Einbildung und Glauben sind nicht dasselbe."

Adolf kratzte sich die Augenbrauen, sah auf den Boden und sagte mit schwedischem Akzent: "Ich weiß."

"Angeber!" schnauzte Laserstrumpf. "Deine schlauen Sprüche lähmen meine Phantasie. Ich muß dich terminieren."

Er zog seinen Mineralbolzen aus der Hose und traf Adolf mit einem ATA-Molekül in die Scham-Zentrale. Die Zentrale reagierte auf den Treffer allergisch und hyperaktiv.

Dem Getroffenen schoß eine unnatürliche Röte ins Gesicht. Der Schwede schrie: "Hilfe, ich sterbe!"

Bevor Laserstrumpf einen weiteren Treffer landen konnte, machte Polly die Waffe mit einem Kältestrahl unschädlich.

Mit Erfrierungen an den Fingerspitzen fiel der Aggressor aufgrund des polaren Traumas in seiner vorderen Hirnhälfte in einen unglaublich romantischen Zustand.

Er robbte über den Boden und suchte sein Bajonett aus Kindertagen.

Obwohl Polly wußte, daß sich an Bord des Schiffes garantiert kein Bajonett befand, wurde sie dennoch durch die Intensität seiner Suche verunsichert.

Mit gespielter Anteilnahme lockte sie Laserstrumpf durch Heiß/Kalt Rufe ins Casino, wo sie ihn mit Katergas besprühte. Dann nahm sie aus dem Game-Safe eine Killermaus.

Polly ging zu Adolf hoch. Sie setzte ihm ein Count-Down-Zäpfchen. Sie vergaß dabei, auf das Verfallsdatum dieser Wundermedizin zu achten. Es war seit Stunden überschritten, und das Zäpfchen hatte nun eine melancholisierende Wirkung.

Adolf wurde schwermütig, schämte sich für alles was er sah und hörte.

Polly stieg hinunter in den Ruheraum.

Sie wollte Toni wecken.

Auf der Mitte der Treppe beschlich sie aber ein ungutes Gefühl und sie kehrte um.

In der Kajüte angekommen, bemerkte sie, daß Adolf draußen etwas beobachtete.

Auf dem Kai stand ein Ungetüm von Freizeit-Walze.

“Das sind die MAINSTREAMBOYS!” rief Polly. “Sie wollen uns imponieren.”

“Schon passiert”, flüsterte Adolf und wollte rausgehen, um sich das Monstrum anzusehen.

“Bleib hier!” rief Polly. “Bitte!”

Adolf sah sie mit seinen blauen Augen an.

“Laß mich”, sagte er und ging an ihr vorbei.

Polly hätte ihn aufhalten und den Triumph der MAINSTREAMBOYS verhindern können, aber Adolf dadurch unfruchtbar gemacht. Das wollte sie nicht.

Polly sah ihm nach und hörte das laute Gejohle der MAINSTREAMBOYS auf dem Kai. Es nahm kein Ende.

Dann stand Toni neben ihr.

Der Lärm hatte ihn geweckt.

“Adolf ist weg”, sagte Polly. “Er wird nicht wiederkommen.”

“Und Laserstrumpf?” fragte Toni.

“Er ist im Casino”, sagte Polly. “Ich mußte ihn ablenken.”

“Hat er die Walze auch gesehen?” fragte der Commander.

“Nein”, sagte Polly.

Aber Laserstrumpf stand bereits neben Adolf auf dem Kai.

Beide leckten die Freizeitwalze ab.

Die MAINSTREAMBOYS warfen bunten Schnee auf sie herab und eine sonderbare Musik erklang.

“Was ist das?” fragte Toni.

Polly sagte: “Das ist originale Ur-Musik, Smaragden abgelauscht”.

“Heißt das, sie besitzen kristalline Audio-Adapter?” fragte Toni.

Polly nickte und spürte, wie Tonis Körper den Rhytmus der Musik aufnahm.

Sie selbst war unmusikalisch und blieb ruhig.

“Commander”, rief sie, “wollen wir tanzen?”

Doch Toni tanzte schon. Er wogte hin und her, warf sich den Bässen in die Arme. Sie trugen ihn hinaus.

Sie schloß die Augen und dachte an belgische Pralinen.

“Nein!” schrie Polly. Sie stellte sofort die Belüftung ab und die Eigensauerstoffzufuhr der Kenterpreis schloß automatisch und intervallos an.

Polly hoffte vergebens, so den Geschmackstorpedos der MAINSTREAMBOYS alle Wege abgeschnitten zu haben.

Pollys Zunge verdrehte sich in Trance. Bald hing sie aus dem Mund. Bald drohte sie Polly zu ersticken. Polly rang nach Atem, stürzte aus der Kajüte hinunter zum Kai.

Sie kroch auf allen vieren zur Walze und gab sich hemmungslos hin.

Die MAINSTREAMBOYS konnten es sich nicht verkneifen, Pollys katholische Erziehung zu verhöhnen.
"Seht, das schlimme Girl! Seht, wie es nascht!"
Und alle lachten, Polly auch.

Die Gondel

Laserstrumpf schlug die Augen auf. Die Sonne stand am höchsten Punkt. Er lächelte die Sonne an und reckte seinen Oberkörper. Mit verschränkten Armen sah er sich um.
Die anderen schliefen noch.
"Haben es die MAINSTREAMBOYS also wieder mal geschafft", dachte der alte Haudegen, "uns von der Arbeit abzuhalten."
Er stand auf und zog sich guter Dinge an.
Dann weckte er den Rest der Crew.
Beim gemeinsamen Frühstück wurde das Desaster der letzten Nacht analysiert. Polly regte an, beim nächsten Angriff der MAINSTREAMBOYS einfach auszureißen.
"Kommt nicht in Frage", sagte Toni. "Ein nächstes Mal wird es nicht geben. Die KENTERPREIS wird flott gemacht. Morgen stoßen wir in neue Dimensionen vor."
"Unmöglich", sagte Adolf und reichte ihm ein Mohnbrötchen. "Vergiß es! Die Startampulle hat ein streptokokkengroßes Loch am Nullpartikel."
Toni goß sich Kaffee nach.
"Wir werden es stopfen", sagte er verächtlich.
Adolf lachte auf.
"Du willst ein Loch am Nullpartikel stopfen? Das hat noch niemand versucht."
"Siehst du", sagte Toni, "dann wird es höchste Zeit".
Alle sahen ihn verwundert an.
Niemand hatte dem Commander so viel technischen Sachverstand zugetraut.
"Commander", fragte Laserstrumpf, "womit wollen sie es stopfen?"
"Mit Nullstoff", sagte Toni.
Nun lachten alle.
"Nullstoff ist unerschwinglich", sagte Polly. "Wer soll das bezahlen? Nichts ist teurer auf der Welt."
"Wir müssen ihn selbst herstellen", erklärte Toni.

Dann erzählte er, wie ihm in seiner Jugendzeit im Freibad ein pensionierter Materie-Spezialist über die Decke gelatscht und dabei das Sonnenöl verschüttet hatte.

Toni hatte ihn angeschrien. Der Alte hatte kehrt gemacht und ihm auf die Milz geboxt.

Aus dieser Auseinandersetzung hatte sich ein spannender Dialog über menschliche und universelle Stofflichkeit entwickelt. Der alte Spezialist hatte mit dem Angebot geendet, Toni in die Geheimnisse der Nullstoff-Gewinnung einzuweihen. Die Crew staunte nicht schlecht.

"Schieß los, Commander", sagte Polly. "Was müssen wir tun?"

"Anstarren", sagte Toni. "Wir müssen uns paarweise so lange anstarren, bis nichts mehr übrigbleibt."

"Aber das dauert doch ewig", warf Adolf ein. "Wer hat denn die Geduld?"

"Wollt ihr starten oder nicht?" fragte Toni herausfordernd.

Schon sah er Pollys Augen in seine starren und starrte zurück. Toni sah nicht mehr, wie Laserstrumpf und Adolf es ihnen gleichtaten.

Ein Aufprall erschütterte die Kajüte. Die Crew der KENTERPREIS und ihr Commander wurden durcheinandergewirbelt.

Laserstrumpf kam als erster wieder auf die Beine und riß die Tür auf. Toni folgte ihm wie ein Schatten.

Die beiden Männer blickten gebannt auf die farbigen Überreste einer SACHSENGONDEL. Sie war beim Landeanflug auf die nahe gelegene Rummelbahn in Turbulenzen geraten, abgeschmiert und mit der KENTERPREIS kollidiert.

Die beiden Sachsen hatten den Unfall unbeschadet überstanden und streiften ihre Air-Bags ab.

Es war ein Ehepaar aus Leipzig, wie sich herausstellte.

Sie hatten von einem sibirischen Kufen-Kartell ein zwangloses Wochenende an der Küste spendiert bekommen.

"Herzlich Willkommen", sagte Toni, nachdem Laserstrumpf die beiden abgetastet hatte.

Pollux und Margot, so hieß das Paar, ließen sich von Toni das Schiff zeigen. Sie lobten die komfortablen Rettungsboote, den schnuckeligen Anker und die samtweiche Badewanne, in der sie ihre überraschten Körper ausstreckten.

Sie waren so sehr vom Traumschiff angetan, daß sie den Commander fragten, ob sie nicht zur Crew gehören dürften.

Toni sagte: "Ja."

Die anderen waren einverstanden, denn sie hatten sich nach Verstärkung gesehnt.

Von Margot und Pollux versprach die Crew sich neue Impulse. Keine fünf Minuten dauerte es, da sagte Margot: "Meine Freude ist so groß, daß mir die Sonne lacht."

Alle blickten zum Himmel und wirklich, die Sonne schien heller als sonst.

"Jetzt oder nie", rief Polly. "Laßt uns Das Wahre Feeling suchen."

"Auf zum Wahren Feeling!"

Alle stopften ihre Rücksäcke mit Lebensmitteln und zogen los.

Gegen Abend erreichte die Mannschaft das Tal der Farne und schlug die Zelte auf.

Im Morgengrauen zogen alle weiter und kamen um die Mittagszeit in Zoomtown an, einem ruhigen Städtchen am Fuße des Nanu-Massivs. Durch den Cäcilientunnel gelangten die Crew in die fruchtbaren Ebenen der Bingo-Zone. Am dritten Tag trafen sie in Lovely-City ein, dem letzten Außenposten der Zivilisation. Hier tankten sie noch einmal frische Kraft, ließen die Whirlpools auf sich wirken und entspannten sich im schläfrigen Salon bei einer Flasche Inka-Schnaps. Pollux spielte auf seiner Gewandhaus-Zither kosmische Melodien, den Kopf auf Margots Knien.

Das Abenteuer beginnt

In den frühen Morgenstunden des 25. Februar, eines Aschermittwochs, litt Polly unter einer Migräne, so daß Adolf sie huckepack nehmen mußte. Nach 100 Metern stellte Laserstrumpf fest, daß er sein Maskottchen, das Holzpuzzle 'Pissende Cellistin' im Saloon vergessen hatte. Er kehrte um und stieß erst nach zwei Stunden wieder zu den anderen, die schon die ersten Anzeichen für fremde Wesen wahrgenommen hatten.

Ein Baum, den sie passiert hatten, trug die Inschrift 'Hossa'. Auf einer Langgraswiese waren drei weiße Birken durch Gummizüge miteinander verbunden.

"Es könnte sich bei diesem Ort um eine Kultstätte handeln", schloß Toni.

Polly teilte diese Meinung. Sie hatte vor ihrer Umschulung zur Steinzeitspezialistin unentschlossen drei Semester Gummitwist studiert. Aus der Beschaffenheit der Gummis und aus dem plattgetretenen Gras las

Polly, daß der Platz mit hoher Wahrscheinlichkeit noch genutzt wurde. Aber von wem?

Hinter dem Bretterzaun, der die Wiese nach Norden eingrenzte, bauten sie zwei Beobachtungszelte auf.

Volle zwei Tage wurden die drei Birken nicht aus den Augen gelassen. Aber niemand kam vorbei.

Adolf wurde ungehalten und provozierte Pollux mit einigen häßlichen Sachen. Pollux blieb ruhig. Aber Margot brachte das in Rage. Margot ließ nie etwas auf sich sitzen. Sie kniff Adolf mit ihren langen Fingernägeln heftig in die Leistengegend. Der Schwede beugte sich vor Schmerz. Margot ließ nicht ab und griff ihm von hinten mit beiden Zeigefingern in den Mund, zog die Winkel Richtung Ohren. Adolfs Oberlippe platzte. Dann ließ Morgot ab und zog die Finger aus Adolfs Mund.

Polly verarztete den angeknacksten Orthopäden.

Kaum hatte sie das Erste-Hilfe Köfferchen zugeschlagen, sahen sich die fünf von einer Horde Frauen umringt. Auf den zweiten Blick waren es junge, gutaussehende Mädchen, auf den dritten Blick Ziegen, die aus einem Cheerleader-Camp entlaufen waren und nie zurückgefunden hatten. Die Cheerleaders feuerten das neuentdeckte Team frenetisch an. Toni hob seinen rechten Arm und bat um Ruhe. Die Truppe ignorierte ihn. Polly schoß Leuchtraketen in die Luft, dann zwei direkt vor die Füße der tobenden Garde. Das spornte sie nur weiter an. Als Laserstrumpf seinen Avocadokern ausspuckte, den er immer, um cool zu wirken, unter seiner Zunge trug, erkannten die Mädchen in ihm den Quarterback. Sie stürzten sich auf Laserstrumpf und fetzten seine Amulette. Laserstrumpf schüttelte die Damen ab und rannte zu den Birken.

"Was hat das Schlitzohr vor?" dachte Polly, da verhedderten sich die ersten Mädels bereits in den straffgespannten Gummizügen. Auch Laserstrumpf.

"Los!" rief Pollux. "Wir müssen Laserstrumpf helfen!"

Er lief zu Laserstrumpf. Mit einigem Geschick entriß er die strampelnden Beine dem Wirrwarr und brachte den Armen zu den anderen zurück.

"Bravo!" kommentierte Adolf. "Du kannst ja wirklich was!"

Pollux war stolz. In der ersten brenzligen Situation hatte er klaren Kopf behalten.

Auch Toni lobte ihn. "Du hast dich um Laserstrumpf verdient gemacht."

Toni steckte ihm die große Rettungsnadel an.

Weil die Nadel nicht in Pollux' kugelsicherem T-Shirt steckenbleiben wollte, half Toni etwas nach. Die Nadel drang bis in das Herz des Bob-Piloten.

Pollux wollte noch 'Du Blödmann' sagen, aber das 'ö' schaffte es nur noch bis zum Gaumen. Da blieb es.

"Sein letztes Wort war Double", sagte Toni.

"Double?" fragte Margot. "Was soll ich denn mit einem Double?"

"Besser ein Double, als nichts", konterte Polly.

Adolf fielen die wilden Frauen wieder ein. "Laßt uns schnell die Zelte abbrechen und weiterziehn. Bevor die sich ausgeknotet haben, sind wir am nächsten See und tauchen nach der Perle Susi."

"Er hat recht", sagte Margot und schob ihre Trauer wie einen kurzen, dunklen Vorhang beiseite. Margot zog die ersten Heringe aus dem knochentrockenen Boden. Alles war in den Schwebeschlitten verstaut und los gings. Zurück blieb Pollux und eine Bleistiftskizze Tonis, die den Erfinder der Unruhe, Peter Henlein, im Profil zeigte.

Eine unheimliche Praxis

Die Perle Susi hatte die Phantasie der Menschen schon seit Jahrhunderten beschäftigt. In der Mythologie der westlichen Welt war sie eine feste Größe. Man erzählte, sie sei eine Träne, die die Muttergottes vergossen habe, als ihr Sohn das erste Mal: "Papi" gesagt habe, wenn auch zu einem Fremden. Ein römischer Scherenschleifer habe die Träne aufgehoben und sie an den Schwiegervater jenes Judas Ischariot verhökert, der später seinem Namen alle Ehre machen sollte. Der Schwiegervater Johannes, ein Säufer, verlor sie beim Knobeln an einen Söldner aus Parma. Der zeigte die Perle der Prostituierten Lola von Bethsaida, die ihrem Bruder davon berichtete. Wenig später fand man den Söldner mit schweren Kopfverletzungen in einer Jauchegrube in der Jerusalemer Altstadt. Er überlebte den hinterhältigen Überfall knapp und soll in die Politik gegangen sein. Die Perle Susi tauchte erst im frühen Mittelalter wieder auf. Sie findet Erwähnung in den berühmten Handschriften von Übach-Palenberg und soll sich im Besitz der Anna von Stolberg befunden haben, einer Geliebten Pippins Des Kurzen. Wie sie nach Südamerika gelangte ist ungeklärt. In den geheimen Tagebüchern des spanischen Conquistadoren Cortez sind ihrer Schönheit mehrere Seiten gewidmet. Er bezeichnet sie als 'Kugel des geilen Schimmers'. Diese Formulierung brachte der Perle den Ruf eines einzigartigen Aphrodisiakums ein. Dann verlor sich ihre geschichtliche Spur und Susi wurde zum Gegenstand unzähliger Spekulationen und Individueller Mythologien. Mitte des zwanzigsten Jahrhunderts tauchte in einer amerikanischen Modezeitschrift das Motto KEIN WAHRES FEELING

OHNE PERLE auf. Es elektrisierte die Massen.

Da die Crew der Kenterpreis mit diesem Aspekt der abendländischen Philosophie unter einer Decke steckte, war das Auffinden der Perle das nächste Ziel. Dem waren sie, ohne die geringste Ahnung zu haben, schon sehr nahe gekommen. Am Abend des 6. März, auf der Suche nach einem Plätzchen für die Nacht, entdeckten sie eine Höhle. Die massive Eichentür verwehrte den Gefährten jedoch den Zutritt. Eine Klingel gab es nicht. In ein verwittertes Bronzeschild war Dr. med. dent. GHANDI und gleich darunter, Dr. med. dent. JELZIN graviert.

"Eine Gemeinschaftspraxis", sagte Toni.

Polly grinste.

"Die Sache stinkt", sagte Adolf. "Eine Zahnarztpraxis am Rande der Welt? Und dann die Namen!"

"Seid nicht so mißtrauisch", meinte Margot. "In manchen Breiten sind Künstlernamen üblich. Es gab mal einen Fußballspieler aus Uruguay, der hieß Sokrates."

"Brasilien", korrigierte Toni.

"Von mir aus", sagte Margot indigniert.

Toni spürte, daß er den Fehler gemacht hatte, sich als Besserwessi aufzuspielen.

Er streichelte Margots Oberarm und sagte: "Entschuldige. Aber ich dachte du, als Bobfahrerin, machst dir nichts aus Rasensport."

Kaum hatte er das Wort Rasensport ausgesprochen, öffnete sich die Tür und ein tränenüberströmter Jockey begrüßte die Fünf mit den Worten: "Mein Pferd ist tot."

"Oh", sagte der Commander, "das tut uns aber leid. Was hatte es denn?"

"Angina pectoris", sagte der kleine Mann. "Wir mußten es einschläfern."

"Dürften wir trotzdem reinkommen?" fragte Laserstrumpf, dem Gefühlsduseleien auf die Nerven gingen.

"Klar", sagte der Jockey. "Das Schicksal meines Attila hat mit euch ja nichts zu tun."

"Eben!" sagte Laserstrumpf und schob das Leichtgewicht beiseite.

Das Innere der Höhle sah wie eine ganz normale Zahnarztpraxis aus.

"Sind sie angemeldet?" fragte eine knackige Zahnarzthelferin. Sie nahm den Ankömmlingen die Tropenparkas ab.

"Nein", sagte Toni. "Wir haben gute Zähne. Hörn sie auf mit dem Theater."

"Theater?" fragte die junge Frau und hing die Parkas auf. Sie drückte eine Stelle ihres Körpers, die eine Frau in ihrer Stellung normalerweise nicht vor Fremden drückt.

"Was tun sie da?" rief Adolf.

“Ich rufe Hilfe”, antwortete die junge Frau. “Bleiben sie ruhig. Es wird nicht lange dauern.”

Bei diesen Worten rieselten aus allen Deckenporen Myriaden Pirañaläuse, die schmatzend über ihre Opfer herfielen.

Commander Toni griff ein. Er zog das Leberwurstfurzspray aus seinem Pulsgurt und sprühte was die Düse hielt. Erst als sie bis zu den Kniescheiben in Insektenkadavern standen, verstand Polly die Gefahr.

“Nichts wie raus hier!” rief sie. “Sonst ersticken wir in diesem Mehl.”

Alle rannten zum Ausgang. Der war verschlossen. Sie folgten Polly ins Wartezimmer, durch die Praxis und durchs Labor. Im Labor war über einer winzigen Luke ein Goethezitat befestigt.

Die größten Vorteile im Leben überhaupt, wie in der Gesellschaft, hat ein gebildeter Soldat.

Toni verstand dem Wink, schlug die Hacken zusammen und rezitierte ein Gedicht von Howard Carpendale. Auf diese akustischen Signale hin weitete sich die Luke. Die Crew konnte entkommen.

Es wurde dunkel und roch nach Schlaf, alten Socken. Niemand konnte die Hand vor Augen sehen.

“Die Müdigkeit...”, murmelte Toni. “Das ist die Müdigkeit von früher, die ich mir nie erklären konnte. Jemand versucht uns mit der Müdigkeit von früher einzuschläfern.”

Toni versuchte die Gesichter der Freunde zu erkennen. Er schaffte es nicht. Die Dunkelheit war noch dichter geworden.

“Das ist die Dunkelheit der Dichter”, dachte Toni. Er hörte die anderen gähnen. Er hörte sie stolpern, wollte etwas sagen, wenigstens ihre Namen rufen. Es war zu spät.

Toni stolperte und landete bäuchlings auf weichem Grund. Mit letzter Kraft versuchte er zu denken. Doch das war kein Gedanke mehr. Nur noch ein Fünkchen Wille, das im schwarzen All verglomm.

Die dritte Ponderosa

Der Priester schüttelte die letzten Tropfen von seinem schlanken Penis und stopfte ihn zurück in seinen Cat-Suit.

Zu seinen Füßen qualmte die verbrannte Ponderosa.

“Onkel”, sagte der Jockey, “das war große Klasse”.

“Ja, Kleiner”, brummte der Priester. “Was sagst du, wenn dich jemand fragt?”

Der Jockey biß sich auf die Unterlippe und fing an: “Die erste Ponderosa brannte ab, als Little Joe klein war. Die zweite, als Hop Sing Flambieren lernte. Pa war stocksauer. Er pinkelte in die Glut und fuhr zu Mandy in die Stadt. Mandy handelte mit bunten Colts und liebte als Kind schon die Poesie des Geldes.”

“Prima”, sagte der Priester. “Deine Geschichten gefallen mir.”

“Es ist deine Geschichte”, sagte der Jockey und wandte sich zum Gehen.

“Fotzi!” rief der Priester. “Wenn du Die Unsichtbare Tante siehst, sag ihr, ich will sie sprechen.”

“Ist recht, Meister”, sagte der Jockey und verschonte den Roten Salon von seiner weiteren Anwesenheit.

Der Priester klappte seine FUN-BOX zu und setzte sich zu Cindy, dem Zierferkel.

“Liebste”, flüsterte er. “Diese Fremden wollen Susi stehlen. Was soll ich mit ihnen machen?”

“Laß sie den Kanon singen. Die Fremden sind gefährlich und bedrohen unser Glück.”

Der Priester lächelte. Er tätschelte das Ferkel.

“Sie wachen auf”, flüsterte er. “Siehst du Cindy, sie recken sich.”

Adolf war als erster auf den Beinen und stellte sich schlaftrunken dem Gegner.

“Mach ihn fertig, Mucki”, sagte das blutrünstige Ferkel.

Der Priester zwang Adolf mit einer lässigen Handbewegung wieder zu Boden und schob ihn Kraft seines Blicks an die nächste Wand.

Der Schwede kraulte zum Zeichen der Aufgabe sein kantiges Kinn und sagte: “Alle Achtung! Wo haben sie das gelernt?”

“Psst”, machte Cindy, “die Fragen stellen wir.”

“Schon gut”, meinte Adolf und freute sich, daß auch die anderen sich aufgerappelt und bei ihm eingefunden hatten.

Polly sah sich die Wand genauer an.

“Das ist Blut”, rief sie. “Eine Wand aus fließendem Blut.”

“Bleib ruhig”, sagte Toni. “Wenn wir jetzt den Kopf verlieren, ist alles aus.”

“Du wolltest mich sprechen?” fragte eine Stimme.

“Elfriede, endlich kommst du!” rief der Priester freudig. “Schau, wir haben Gäste. Sie werden für uns singen.”

“Was werden sie singen?” fragte die Stimme. “Doch nicht etwa diesen blöden Kanon, bei dem sie all ihr Blut verliern?”

Cindy warf einen spitzen Blick in die Richtung, aus der die Stimme kam.

“Aber Elfriede”, sagte der Priester. “Sei nicht gleich so. Wenn ich mit ihnen fertig bin, kannst du sie haben.”

Wortlos verteilte der Priester die Texte, gab dann die Melodie an, zwei Takte vor und es erklang: BÖSES BLUT FLIESST DOPPELT GUT.

Ein Kanon aus der Zeit der Nazi-Pogrome in Deutschland. Ende Zwanzigstes Jahrhundert. Ursprünglich hatte er BLÖDES BLUT... geheißen, aber Mucki hatte ihn, Cindy zuliebe, umgeschrieben.

Laserstrumpf bemerkte das Nasenbluten als erster. Um die anderen zu warnen, sang er so hoch er konnte. Es klappte. Alle wußten, was die Uhr geschlagen hatte und überlegten hin und her, wie Zeit gewonnen werden könnte. Endlich hatte Polly eine Idee. Sie hielt den Mund. Der Kanon geriet ins Wanken und brach zusammen. Auch die Blutungen kamen zum Stehen.

Toni sagte: “Meister, erlaubt mir eine Frage!”

Mucki blickte zu Cindy. Das Ferkel war noch versunken und hatte abgeschaltet.

“Gut”, sagte der Priester. “Eine Frage! Eine Antwort! Dann singt ihr weiter.”

Toni atmete auf.

“Meister”, setzte er an. “Was sagte Hop-Sing, nachdem er mit dem Tranchiermesser dem Revolverhelden Bill Barnes die Kehle durchgeschnitten hatte, um Adam das Leben zu retten?”

“Es ist nicht alles Colt, was glänzt”, sagte der Priester.

“Bravo!” rief Toni.

Sein Herz hüpfte vor Freude. Nun wußte er, daß Mucki den Cartwright-Shuffle kannte. Und daß er mit hoher Wahrscheinlichkeit diese Technik benutzt hatte, um die Crew einzuschläfern. Er hatte die Gehirne der Crew als BRENNENDE PONDEROSA in seine FUN-BOX projiziert und ihre Hypothalami gelöscht. Die Cartwright-Viren mußten also logischerweise auch im Körper des Priesters sein.

“Singt weiter”, sagte Mucki. Und die Crew fing wieder an.

Toni holte seine eigene FUN-BOX aus der Hosentasche und hielt sie verdeckt in der rechten Hand. Die Box zoomte das Gehirn des Priesters auf die Oberfläche des Gehäuses. Toni rieb sein Glied mit rasender Geschwindigkeit daran. Mucki grinste. Er dachte, Toni wollte sich, den Tod vor Augen, noch schnell was gutes tun und gönnte ihm den Spaß.

Das Gehirn entzündete sich. Toni löschte die Oberfläche mit seinem Nasenblut. Der Priester fiel auf seine Hinterbacken.

Der Kanon war zu Ende.

Wie's weiterging

Die Unsichtbare Tante hatte alles mitverfolgt und applaudierte, als der Magier zusammenbrach. Cindy fuhr aus ihren Träumen hoch und flüchtete quiekend aus dem Saal.

"Folgt ihr!" krakeelte Die Unsichbare Tante.

Laserstrumpf heftete sich an die Fersen des Ferkels.

Fotzi tauchte auf, stellte sich in den Weg und blieb mit schweren Prellungen zurück. Die gesamte Crew hatte die Verfolgung aufgenommen, sprang über Fotzi hinweg und orientierte sich an Cindys hysterischem Gequieke durch endlose Korridore und verwinkelte Baderäume, über Wassergräben und gefährliche Box-Autobahnen. Da Polly Ablenkungsmanöver witterte, wie Sardinen das Öl, hatte sie plötzlich abgebremst und war ihren eigenen Weg gegangen. Über ein Schwingseil war sie auf DIE INSEL DER LÄNGLICHEN SCHATTEN gelangt. Von hier aus ging eine Fähre Richtung Süden in das LAND DER LACHENDEN VAGABUNDEN, die sich jedoch TEENAGER nannten. Sie begrüßten Polly freundlich, als sie von der Fähre hüpfte.

"Suchen sie Susi?" fragten sie.

Polly bejahte.

Die TEENAGER führten sie auf einen Berg, auf dessen anderer Seite es jauchzend wieder runter ging.

"Ist es nicht schön, über den Berg zu sein?" fragte ein attraktiver Boy.

Polly nickte wie bescheuert.

Im Tal angekommen, führten die TEENAGER Polly in ein verlassenes Krankenhaus. Im Kreißaal holte ein dunkelblondes Mädchen in schwarzem Denim eine helle Kugel aus einem uralten Brutkasten. Dieser mußte aus einer Zeit stammen, die Frühgeborenen außer Nahrung und warmer Luft nichts zu bieten hatte. Der Soulfood-Generator fehlte.

Polly sah die Kugel.

"Das ist ein hübscher Volleyball."

"Nein", sagten die TEENAGER, "das ist die Perle Susi."

Polly setzte sich auf einen Stuhl und wußte nicht, ob sie lachen oder weinen sollte. Aus Pollys Körper kam eine Art Wimmern, das in den Fünfziger Jahren des Zwanzigsten Jahrhunderts die Charts erobert und die jungen Menschen zu Tränen begeistert hätte.

Zaghaft nahm Polly die Perle an sich und versprach, die Perle Susi zurückzubringen.

"Nicht nötig", sagten die TEENAGER, "wir brauchen sie nicht mehr."

Polly bedankte sich artig.

Auf der Insel Der Länglichen Schatten, stieß Polly wieder zu den anderen Crew-Mitgliedern. Die Mannschaft hatte Cindys Spur verloren und war stattdessen Polly gefolgt. In weiser Voraussicht hatte Polly an der Stelle, an der sie abgebogen war, ihren raffiniert geschnittenen Slip zurückgelassen.

"Das soll die Perle Susi sein?" fragte Laserstrumpf. Alle anderen konnten sich ein Brüllen nicht verkneifen.

"Ich verstehe eure Skepsis", sagte Polly. "Mir ging es anfangs ähnlich. Aber nehmt sie nur mal an euch. Dann sieht die Welt ganz anders aus."

Toni schnappte sich die Perle. Seine Züge erhellten sich.

"Tatsächlich!" strahlte er. "Eine unglaubliche Wärme durchflutet meinen Körper."

"Gib her!" rief Adolf.

Susi ging von Hand zu Hand und alle wurden glücklich.

"Und die TEENAGER haben sie einfach rausgerückt?" fragte Margot. "Das ist mir unerklärlich!"

"Mir auch", sagte Polly. "Aber ich glaube, die TEENAGER haben ein Geheimnis. Die Perle schien ihnen wenig zu bedeuten..."

"Laßt das Grübeln!" befahl Toni. "Wir haben Susi, das zählt."

Adolf plichtete bei: "Wir müssen nach vorne schauen. Das Wahre Feeling wartet."

"Quatsch!" unterbrach Margot. "Das Wahre Feeling wartet nicht!"

"Hört auf!" rief Toni. "Ihr seid anmaßend. Das Wahre Feeling ist unerforscht. Wir sollten uns hüten, irgendwelche Mutmaßungen anzustellen. Es ist gleich, ob es wartet oder nicht. Wir werden es finden!"

Die Worte des Commanders wurden vom des Wänden des Massivs Romantica zurückgeworfen. Und im Echo verstummten alle Zwistigkeiten.

Die Crew mußte im nahegelegenen Gasthof Des Grauens einkehren. Er wurde von einem 68er Vampir-Kollektiv bewirtschaftet. Die Bedienung empfahl das Menü à la Carte. Glubschaugen in Weinsauce. Alle wurden extrem satt. Erst beim Dessert FINGERSPITZEN MIT MÖRDERGENEN, flüsterte Toni delikat: "Wir können nicht bezahlen."

Die Crew hatte beim Kanon-Singen zu viel Blut verloren.

Nur Laserstrumpf blieb gelassen.

"Keine Sorge", brummte er. "Ich habe von meinem Urgroßvater jede Menge Konserven geerbt. Erstklassiges Huronenblut."

"Du hast Blutguthaben?" staunte Toni.

"Ja", sagte Laserstrumpf. "Es liegt auf einer Bank in Pennsylvania."

Laserstrumpf nestelte ein rotes Heft aus seinem Waist-Bag und stellte einen großzügigen Scheck aus. Satt und zufrieden schlenderten sie aus dem Gasthof, fuhren zum Airport und nahmen mit einer Linienmaschine Kurs auf Shvaksinstan, der Provinz am dicksten Zipfel des postpatriarchalen Kontinents Pop 66.

Der Flug war ruhig. Die Crew entspannte sich bei Dekonzentrationsübungen. Margot knutschte Adolf ab. Toni knetete Pollys Pferdeschwanz. Durch dieses haptogene Training lockerten sich ihre ohnehin lockeren Beziehungen derart, daß Laserstrumpf sie väterlich ermahnte: "Paßt auf! Ihr lebt euch auseinander."

Wegen des optimalen Klimas beschlossen sie, die Nacht im Freien Fall zu verbringen, in einem Bungy Park außerhalb der nach Lava duftenden City. Gegen Abend verdunkelten ferngesteuerte Schwärme Spanischer Fliegen den fleischfarbenen Himmel. Ein Service der Provinzmanager, die so das ewige Licht des Kontinents in eine künstliche Nacht verwandelten.

Am nächsten Morgen, man schrieb den ersten April des Jahres 1112 vor Geburt Des Lieben Angreifers, machte sich die Crew der KENTERPREIS mit geleasten Pulsmobilen auf den Weg in die finalen Biotope.

Einem Späten Dissidenten, den Polly in der Nacht zuvor bei einem kleinen Umtrunk kennengelernt hatte, verdankte sie den Tip, dort in den Sümpfen von Santa Jessica nach dem alten Lottoking zu fahnden.

Nachdem sie die Pulsmobile, um mögliche Verfolger abzuschütteln, mit 3D Projektionen von Bundesligapokalen getarnt hatten, stießen sie, zu ihrer Verwunderung, schon nach der ersten verlassenen Baustelle auf die malerische Hütte des alten Lottoking. Sechs Richtige Pferde standen davor, auf einer Koppel, nicht größer als ein Golfplatz. Die Tiere machten freundlich Platz. Die Crew steuerte auf den Hütteneingang zu und einer klopfte an die Tür.

Der Alte öffnete und bat in die Stube. Alle fielen in geschmackvoll arrangierte Clubsessel und versanken in Antiquitäten aus dem Abendland, der DDR.

Hocherfreut nahm der Lottoking aus Pollys Händen die Perle Susi und pritschte und baggerte mit Susi, zum Erstaunen aller, mehrere Stunden, ohne sich zu verausgaben. Dann ließ er ab von seinem Vergnügen und fragte den Teamchef Toni: "Ihr wollt Das Wahre Feeling finden?"

"Ja", sagte Toni, "und wir wissen, daß nur Sie uns helfen können."

"Habt ihr meine Schmetterbälle gesehen?" fragte der Lottoking.

Als Zeichen der Verbeugung vor dem Alter, nickte die Crew andächtig. Und Adolf fühlte sich aufgefordert und sagte betulich: "Ihr Spiel hat einen göttlichen Touch."

Peinliches Schweigen machte die Runde.

"Wie heißt der Schleimer?" wollte der Lottoking wissen.

"Adolf."

“Adolf!” sprach der Lottoking. “Wenn das *deine* Worte wären, könntet ihr die ganze Sache schon vergessen.”

Die Gäste sahen ihn fragend an.

“Keine Sorge!” fuhr der Alte fort. “Es waren nicht seine Worte.”

Der Lottoking drehte sich im Sessel und schrie: “Es waren die Worte des Neutralen Beobachters!”

Dabei zeigte er auf mich und schleuderte vier Blitze in mein Dasein. Die Einschläge illuminierten es erbarmungslos. Mein Creativ-Komplex war entstellt.

Und die Crew starrte mich an.

Alle wußten: Der hat nie mehr eine brauchbare Idee.

Ich verlor alle Jobs. Auch den lukrativen Job als Werbetexter mußte ich aufgeben und in einem meterologischen Institut als Volontär tagaus, tagein die Hochs und Tiefs analysieren. Unbezahlt. Damit war für mich die Suche nach dem Wahren Feeling beendet.

Und sehr selten, wenn die Witterung es zuläßt, schaue ich von meinem Bildschirm auf. Und lausche gern dem Klappern der Pumps meiner Kollegin Mary Lou, wenn Mary Lou mal schnell für kleine Mädchen muß.

Dann sehe ich die Crew der Kenterpreis. Wie sie, zusammen mit dem Lottoking, sich auf die jungen Pferde schwingt.

Dann höre ich ein Galloppieren. Im Zentrum der Gefühle.

INHALT

Register

ABM-Kraft: Arbeitsbeschaffungsmaßnahme. Oft im Umfeld des ehem. Kulturschaffens.
Adamo: Nachname unbekannt. belg. Troubadour, 60er/70er, 20. Jhdt. (Es geht eine Träne...)
Afri-Cola: Rauschmittel.
Aktenzeichen: beliebte Fernsehsendung.
Altes Wasserwerk: Ausweichquartier des dt. Bundestages.
AOK: Allgemeine Ortskrankenkasse, in vielen Orten.
ATA: Scheuerpulver für alle Zwecke.
Audi: Automobilmarke, früher Horch.
Baby Dadamda: Gestalt der Schlagermytholgie.
Bild-Zeitung: Vorläufer des Piktoralen Zeitalters.
biologisch abbaubar: veraltete Bez. aus dem Umfeld Umwelt.
Black, Roy: dt. Schlagersänger (Du bist nicht allein!)
Blüm, Norbert: dt. Politiker der Spätphase.
Bofrost-Mann: Reisender Verkäufer tiefgekühlter Fertiggerichte.
Bonames: Stadteil von Frankfurt am Main.
Bonanza: beliebte amerik. TV-Serie um die Familie Cartwright*.
Bonn: dt. Stadt am Rhein, zeitweilig 291 000 Einw.
Breitcord: Gewebe aus Kammgarn, meist in Längsrichtung verlaufende Rippen.
Broiler: ostdeutsch, für gegrilltes Hähnchen, schnellwachsender Hybride.
Brown, James: amerik. Rock&Roll Sänger.
Burdon, Eric: brit. Rocksänger, geb. 11.5.1941
Care-Pakete: CARE = Cooperative for American Remittances to Europe. 1946 gegr. , Hilforganisation zur Milderung der wirtschaftlichen Not in Europa n. d. 2. Weltkrieg.
Carpendale, Howard: dt. Schlagersänger südafr. Herkunft.
Cartwright, Adam: erstgeborener Sohn von Pa*, Künstlername: Pernell Roberts.
Cartwright: Rinderzüchterclan mit Männerwirtschaft in der amerik. TV-Serie Bonanza*.
Cerni: Künstlername von Lothar de Maizière.
Cola-Fläschchen: Kinderdroge, legal.
Deutsche Bank: irreführende Bezeichnung für Kreditinstitut.
Devisen: erste harte Währung. Funde: Mesopotamien und Naher Osten.
Dietrich, Marlene: in Deutschl. geb. Schauspielerin.
Doping-Komitee: Fäkalzirkel mit gehobenem Anspruch. Urinprobensammler
Douglas, Buster: amerik. Schwergewichtsboxer Ende d. 20. Jhdts.
Einwegfeuerzeug: Konsumartikel zum Anzünden brennbarer Materialien.
Einzelhandelspraktikantin: Tätigkeit mit Berufsziel.
Facchetti: Fußballspieler von Internazionale Milano.
Falsches Programm: Resultat der fehlerhaften Bedienung eines TV-Geräts.
Fanta: Erfrischungslimonade mit Orangengeschmack.
Faßbender, Heribert: dt. Sportschau-Moderator.
Fender, Freddie: amerik. Sänger Mitte des 20. Jhds.
Ficksau: Bez. für Menschen mit überstarkem Hang zur geschlechtlichen Vereinigung.
Förster-Liesl: frühreife Waldbewohnerin.
Frau Barbara: legendäre Lebensbera-

terin.
Freddy-Melodie: nach Freddy Quinn, österr. Sänger (Heimweh, Wir)
Freizeit: vorbereitende Maßnahme im Blick auf Arbeitslosigkeit.
G-Punkt: sagenumwobenes weibliches Orgasmuszentrum.
Gartencenter: Gartengeräteabt. von Warenhäusern. Zuweilen auch spezialisierter Einzelhandel.
Gildo, Rex: dt. Schlagersänger (Dondolo, Fiesta Mexicana etc.)
Glücksspirale: TV-Sendung mit hoher Einschaltquote.
Graf, Steffi: dt. Tennisspielerin Ende 20. Jhdt.
Gran Genever: Wacholderschnaps.
Groupie: weibl. Fan u. Geschlechtspartner von Popmusikern, freischaffend.
Grüner Punkt: zeitweilige Verpackungskennzeichnung in der Bundesrepublik Deutschland.
Gummitwist: Mädchensportart unter Zuhilfenahme von gespannten Gummibändern.
Herrgottsschnitzer: religiös gesinnte Holzschnitzer, die sich ausschließlich der Darstellung Gottes, der Heiligen Familie und anderer Heiligen widmen.
Hopper, Dennis: amerik. Filmschauspieler und Regisseur.
Hop Sing: unbegabter Koch und Mädchen Für Alles der Fam. Cartwrigt*.
Horrorvideo: umgangssprachliche Bezeichnung für adrenalintreibende Filme best. Genres.
Hühnerklein: s. Horrorvideo.
Ikea: Herstellerfirma von Billigmöbeln.
IM: Inoffizieller Mitarbeiter. Ratgeber bei kniffligen Fragen. Mitunter lustige Decknamen.
Jesus: Sohn Gottes.
Kabel, Heidi: norddt. Volksschauspielerin.
Kampflesbe: extreme Lebenshaltung militanter FeministInnen.
Kanzlerfest: lustiges Beisammensein. Alljährlich in Bonn* ausgerichtet.
Kinski, Klaus: geb. 18.10.1926 in Zoppot, dt. Schauspieler.
Klaus u. Klaus: dt. Schlagerduo.
Klee, Paula: schweizerische Philosophin, (Hauptw. 'Ich hab Dich')
Knef, Hilde: Schaffte nie ganz ihren Umzug. Dt. Schauspielerin und Sängerin.
Kommissar Keller: dt. Aufklärer des 20. Jhds., Pseudonym: Eric Ode.
Kramer, Conny: bekanntester Drogentoter der 70er, 20. Jhdt. Wirkliche Existenz bestritten.
Künstler: bevorzugter Berufswunsch Jugendlicher (weibl. 60%, männl. 40%) der 90er Jahre.
Lange, Hellmut: dt. Schauspieler.
Little Joe: jüngster Sohn von Pa* und Sorgenkind der Familie Cartwright*, Künstlername: Michael Landon.
Loki: Loki Schmidt, Gattin des Bundeskanzlers H.Schmidt. Hausfrau und Künstlerin.
Lord Ultra: Leichtzigarette.
LSD-Kommune: bewußtseinserweiternde Lebensgemeinschaft mit Küchenzentrale.
Madonna: amerik. Megastar der 80er Jahre des 20. Jhds, Jungfrau.
Magnum: Vanillespeiseeis am Stil, mit knackigem Schokoüberzug.
Mantawitz: Scherz über Besitzer eines spez. Kfz.-Modells der Firma Opel. In den späten 90ern verboten.
Maradonna: argent. Fußballstar der 80er/90er Jahre des 20. Jhdts.
Mazzola, Sandro: Fußballspieler von Internazionale Milano.
Mildenberger, Karl: dt, Schwergewichtsboxer.
Milky Way: sehr leichter Riegel aus geschäumter Schokoladenmasse mit festem Schokomantel.
Mini-Reps: Kindergartenorganisation der Republikaner.
Mofa-Rocker: leichtmotorisierte, pubertierende Jugendliche.

Müttergenesungwerk: Langzeiterkrankte Mütter.
Nachtschalter: vakanter Arbeitsplatz.
Nidda: rechter Nebenfluß d. Mains (Vogelsberg bis Ffm), 98 km lang.
Nolte, Nick: amerik. Filmschauspieler.
Notstop: Unterbrechung mehr od. weniger geradliniger Fortbewegung, aufgrund unvorhergesehener störender Ereignisse.
OB-Leitfaden: Informationsbroschüre für tamponfreundliche Menstruierende.
Pa: Oberhaupt der Familie Cartwright, eigtl. Ben Cartwrigt*, Künstlername: Lorne Greene.
Parkplatz: Abstellfläche für Personenkraftwagen.
Peace-Poster: Plakat der Friedenswerbung.
Pepsi: Erfrischungsgetränk
PLO-Tuch: Kopfbedeckung der Palästinenser, im Abendland gerne um den Hals getragen.
Polariod: Sofortbildfotografie*, Ursprungsland USA.
Ponderosa: Ranch der Cartwrigts* in der amerik. TV-Serie Bonanza*, rustikale Blockhausbauweise.
Praline: Zeitschrift mit bunten, meist geblitzten Bildern.
Psi: poststrukturalistische Irreparabeln.
Quelle-Katalog: Bestseller in den neuen Bundesländern der BRD.
Rajter, Dunja: jugosl. Schlagersängerin, lebte in Deutschland.
Randolph Rose: dt. Schlagersänger (Silvermoon Baby)
Récamiere: französ. Stauraumcouch.
River-Kwai-Marsch: beliebter Militärhit.
Rosenberg, Marianne: dt. Volkssängerin.
Sambal Oelek: scharfe Würzpaste der indon. Reistafel.
Scania: Automobilmarke.
Schabefleisch: gehacktes Rinderfilet zum Rohgenuß.
Schimanski: dt. Kriminalist und Philanthrop.
Schneider, Romy: österr.-dt. Schauspielerin, geb. Wien 23.9.1938, gest. Paris 29.5.1982.
Schöne Maid: Hit von Toni Marschall, dt. Schlagersänger.
Schweizer-Messer: beliebtes Haushaltsgerät der Schweizer.
Schweizer Garde: Werkschutz des Vatikans.
Seles, Monica: serb. Tennisspielerin Ende 20. Jhdt.
Sissy: königlicher Backfisch aus Österreich.
Softeis: Genußmittel der 60er, hielt sich in der DDR bis zum Ende und darüber hinaus.
Somalia-Bazar: s. Loki* u. Horrorvideo*.
Sommerpreise: saisonbedingter Preiseinbruch bei Brennstoffen.
Soziales Netz: gesellschaftliche Erscheinung in Zeiten der Hochkonjunktur.
Space Waggon: Kleinbus der Firma.
Sprite: Erfrischungslimonade auf Zitronenbasis.
Stasischwein: dt. Schimpfwort Ende des 20. Jhdts.
Stolberg: Stadt am Nordrand der Eifel, 56.400 Einw.
Swastika-Design: stilbildender Einfluß aus dem Norden Europas.
Tacker: praktischer, universell einsetzbarer Heftapparat.
Tempo: Wegwerftaschentuch aus Zellulose, mit treffender Namensgebung.
Tierheim: humane Einrichtung zur Unterbringung obdachloser Tiere.
Tietze-Ludwig, Karin: Lotto-Fee.
Tifosi: italienische Anhänger des Fußballsports.
Trotzki: geb. 7.11.1878 in Iwanowka, gest. 21.8.1940 in Coyoácan, russ. Politiker.
Tschibo-Depot: Kaffeeshop mit Ge-

schenkideen.

Tyson, Mike: amerik. Schwergewichtsboxer Ende d. 20. Jhdts.

Übach-Palenberg: Stadt im Bundesland Nordrhein-Westfalen, 22.600 Einw.

Urinprobe: Obulus an die Olympische Idee.

Urlaub: s. Freizeit*.

Virtuelles Schlauchboot: computergestützte Simulation eines aufblasbaren Freizeitgeräts*, Erf. Peter Weibel.

Wachturm: Zentralorgan der Religionsgem. Zeugen Jehovas.

Waist-Bag: mittels Herumführung eines Gurts um die Leistengegend getragener Utensilienbeutel.

Wunderbaum: Duftmittel.

Zorro: Rächer der Sozial Schwachen. Zeichnete seine Gegner mit einem Z auf der Stirn.

"Matthias" BAADER Holst / traurig wie hans moser in sperma weinholds.
64 Seiten mit 2 Fotos von Klick und Kuno Rudolph, Fester Einband in Kunstleder. Berlin 1990. DM 21,80, ISBN 3-9802852-4-3
"Mit der Entdeckung von Peter Wawerzinek und "Matthias" BAADER Holst lassen sich die auf der Stelle tretenden Literaturdebatten dieser Tage wenn schon nicht beenden so doch zumindest besser ertragen." (DIE ZEIT)

Peter Wawerzinek / NIX. Roman
84 Seiten mit 16 Abbildungen zum Thema.
Broschur. Berlin 1990. DM 15,00
ISBN 3-9802852-1-9
"Bei allem Jokus, der diese Prosa regiert: "NIX" ist das Dokument eines Schriftstellers, der sich darum bemüht, als großer Einzelgänger der "Stunde Null" in die DDR-Literatur einzugehen (...) (DIE ZEIT)

Funny van Dannen / Spurt ins Glück. 17 Geschichten
64 Seiten mit 6 Fotos, Fester Einband. Fadenheftung. Berlin 1991. DM 19,80,
ISBN 3-9802852-2-7
" Es ist nicht nur schwarzer Humor, der in diesen Geschichten rumgeistert, manchmal ist er auch tiefschwarz. (...) Lachen ist gesund, so viel habe ich beim Lesen seit der Lektüre von Daniil Charms nicht mehr für meine Gesundheit getan." (Gerd Adloff, DIE ANDERE)

"Matthias" BAADER Holst / coitusbonzen rotzen.
zwischen bunt und bestialisch: all die toten albanier meines surfbretts.
112 Seiten. Fester Einband. Fadenheftung. Berlin 1992. DM 25,60
ISBN 3-929010-02-x

Husen Ciawi / das gehirn ist selbst ein arsch-loch. Texte
48 Seiten. Broschur. Berlin 1991. DM 12,00, ISBN 3- 9802852-3-5

Husen Ciawi / leck mich am text. Texte
72 Seiten mit 2 Fotos. Broschur. Berlin 1992. DM 15,80
ISBN 3-929010-00-3
"Beide Bändchen strotzen vor radebrechender Selbstbetrachtungslust"
(Der Tagesspiegel)

Scardanelli / elegien vom ende der welt. Lyrik
64 Seiten. Fester Einband. Fadenheftung. Berlin 1991. DM 19,80
ISBN 3-9802852-0-0
Endzeitgesänge eines literarischen Einzeltäters.

Harry Hass / Koko Metaller, Roman
160 Seiten. Fester Einband. Fadenheftung. Berlin 1992. DM 28,00
ISBN 3-9802852-9-4
"Der Titel des Buches - "Koko Metaller" - ist Programm. Zwischen einem harten K.o., . . . und einem über alle Fährnisse hinweg-grinsenden O. K., schwankt und flitzt Harry Hass durch die berliner Wirklichkeit." (Frankfurter Rundschau)

Thomas Kapielski / Aqua botulus, Prosa
184 Seiten mit 179 Fotos. Fester Einband. Fadenheftung. Berlin 1992. DM 29,80 ISBN 3-929010-01-1
"Thomas Kapielski schreibt in einem einzigen Zug, ohne Absatz . . . geschwind und äußerst kurzweilig in gnadenlosem Plauderton . . . "
(Märkische Allgemeine)

Karl Johnson / Ein sicher Platz am falschen Ort, Roman
134 Seiten, Broschur, Berlin 19993, DM 18,00, ISBN 3-929010-19-4
"Johnsons Text ist der gelungene Versuch einer sprachlichen Simulation der Bilder Wols' (...) Johnsons poetisches Abbild (...) ist ein Stimmungsgemälde (...) das die Verlassenheit, die Einsamkeit und Isolation, die Selbstzweifel und 'innere Finsterins', die Angst vor zu großen Erwartungen und die Schwierigkeit des Erinnerns in sprachlich dichten Bildern vor Augen führt (...)
(Der Tagesspiegel)

Ulrich Schlotmann / Entlöse
154 Seiten, Broschur, Berlin 1993, DM 19,80, ISBN 3-929010-09-7
Der Text *Entlöse* ist sukzessive Reduktion und Konzentration auf das Fundamentale der Sprache. Sie wird in betonter Sterotypie aus metaphorischer Verklammerung gelöst.

Funny van Dannen / Jubel des Lebens, Geschichten
160 Seiten, Broschur, Berlin 1993, DM 19,80, ISBN 3-929010-17-8
Tatsächlich verbreitet selten ein Autor mehr Fantasie, als Leser von ihm erwarten. Im vorliegenden Fall können sich *Ihre Erwartungen* allerdings genüsslich zurücklehnen - Sie werden Vergnügen haben!

Videos:

"Matthias" BAADER Holst / Briefe an die Jugend des Jahres 2017.,
40 Min. VHS, 100 Expl., numeriert. DM 80,00, ISBN 3-9802852-5-1
Die Aufnahmen für das Video entstanden im Frühjahr 1990, während einer Reise durch die DDR. Holst liest und singt seine Texte an ihm wichtigen Plätzen und Orten.

Peter Wawerzinek / NIX.
35 Min., VHS, 100 Expl., numeriert und signiert. DM 80,00
ISBN 3-9802852-6-X
Peter Wawerzinek spricht, singt, schreit Texte aus seinem Roman "Nix".

Husen Ciawi / who the fuck bin ich / mehr sex kein text.
2 Videos auf einer Kassette, je ca. 7 Min, VHS. DM 60,00
100 Exemplare, numeriert und signiert. ISBN 3-9802852-7-8
Ciawi liest Texte aus dem Buch "leck mich am text".
Mit Trickfilmpassagen, Blueboxeffekten, Schrifteinblendungen etc.

Harry Hass / Macht + Verschleiß
ca. 35 Min, VHS. DM 80,00100 Exemplare, numeriert und signiert.
ISBN 3-929010-03-8
Hass liest Passagen aus dem Roman KOKO METALLER, an Orten und Plätzen der Macht in Berlin.

Audio

Viktor Pavel / Der Welteneinsauger
Audiokassette, ca 60 Min. DM 20,00, ISBN 3-9802852-8-6
Was kommt raus, wenn man als Lyriker Celan genauso schätzt, wie Bukowski? Gedichte für Gedichthasser.

Peter Wawerzinek / Das Icho
Audiokassette, 60 Min. DM 20,00, ISBN 3-929010-12-7
Wawerzinek liest aus dem bisher unveröffentlichten Text Das Icho. Die B-Seite enthält ein in Studio während der Textaufnahmen spontan entstandenes Lied mit dem Titel HÖLDERLIN, gesungen von H. Hass und P. Wawerzinek. Musik: Bogo Liebenthron.

Harry Hass / Tabula Rasa
Audiokassette, 60 Min. DM 20,00, ISBN 3-929010-11-9
Hass liest aus seinem Roman KOKO METALLER. Die A-Seite beinhaltet kurze, fragmentarische Teile aus verschiedenen Kapiteln, die Harry Hass durch spontane Einfälle variiert und verändert. Die B-Seite ist eine konzentrierte Lesung des Kapitels Tabula Rasa.

MAAS Verlag, Adalbertstraße 7-8, 10999 Berlin,
Fon: o3o / 615 89 15 Fax: 030 / 615 88 51